Cuentos americanos

con algunos poemas

Third Edition

Cuentos americanos

con algunos poemas

Third Edition

DONALD DEVENISH WALSH

and

LAWRENCE BAYARD KIDDLE

W·W·NORTON & COMPANY·INC·*New York*

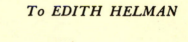
To EDITH HELMAN

Contents

8 CONTENTS

Preface

IT IS NEARLY thirty years since the first edition of this reader appeared in 1942 with the title *Cuentos y versos americanos.* It has been widely and enthusiastically used ever since, in both secondary-school and college classes. It was extensively revised in 1948 and this revision was apparently quite effective, for a series of inquiries made in anticipation of the present edition revealed no candidates for oblivion among the sixteen stories and twenty-four poems in the second edition. Three stories (*El cometa Alisius, Cenizas para el viento,* and *La bala cansada*) have been added, and to the exercises for each of the nineteen stories we have added from two to four exercises designed to increase the student's active command of Spanish.

Our goal in this revision has been to preserve the aims stated in the Preface to the second edition: "In seeking material easy enough to be read by first-year students, the ideal has been to find stories and poems which, though written for adult Spanish-speaking readers, are by some happy accident easy enough to be read with enjoyment by English-speaking students who know little Spanish. This ideal has been pursued through thousands of pages of contemporary Spanish-American prose and poetry. Many of the present selections could fortunately be used with little or no change, but if a story, desirable from every point of view except its difficulty for the elementary student, lent itself to shortening or simplification, such changes have been made. This procedure has seemed less objectionable than the alternatives: selection

of material solely according to ease of reading, excessive vocabulary thumbing, or a distractingly large number of footnote translations. The selections are arranged in approximate
order of difficulty. . . . Some fifteen pages of poetry have
been included, not only because of the abundance and importance of poetry in modern Spanish-American literature,
but also because of its value as literature and as memory
work, even for elementary students."

Except for obvious cognates of English words within the
student's probable vocabulary range, all words in the prose
selections beyond the 2,000-word level in Buchanan's *A
Graded Spanish Word Book* (University of Toronto Press,
1932) have been translated in footnotes on their first appearance. If they appear a second time, they are included in the
vocabulary. Circles (°) after words refer to footnote translations; numerals ([1]) refer to the Notes at the end of the book.

D.D.W.
L. B. K.

GREGORIO LÓPEZ Y FUENTES

MEXICANO 1897 –

LÓPEZ Y FUENTES is an outstanding novelist of the Mexican Revolution. In a series of vigorous photographic sequences, he has expressed his deep concern with the problems of the Indian and of land distribution. His masterpiece, the novel *El Indio,* tells of the wrongs suffered by the Indian in a modern society. *Cuentos campesinos de México* is a collection of folk tales, simple and earthy, intended for use in the rural schools.

Una carta a Dios

La casa—única en todo el valle—estaba en lo[1] alto de un cerro° bajo. Desde allí se veían[2] el río y, junto al corral, el campo de maíz° maduro con las flores del frijol° que siempre prometían una buena cosecha.°

Lo[1] único que necesitaba la tierra[3] era una lluvia, o a lo[5] menos un fuerte aguacero.° Durante la mañana, Lencho—que conocía muy bien el campo—no había hecho más que examinar el cielo hacia el noreste.°

—Ahora sí que[4] viene el agua, vieja.

Y la vieja, que preparaba la comida, le respondió: 10
—Dios lo quiera.[5]

Los muchachos más grandes trabajaban en el campo, mien-

cerro, *hill*   frijol, *kidney bean*   aguacero, *shower*
maíz maduro, *ripe corn*   cosecha, *harvest*   noreste, *northeast*

tras que los más pequeños jugaban cerca de la casa, hasta que la mujer les[6] gritó a todos:

—Vengan[7] a comer . . .

Fue durante la comida cuando, como lo[8] había dicho Lencho, 5 comenzaron[3] a caer grandes gotas de lluvia. Por el noreste se veían[2] avanzar grandes montañas de nubes. El aire estaba fresco y dulce.

El hombre salió a buscar algo en el corral solamente para darse el gusto de sentir[9] la lluvia en el[10] cuerpo, y al[11] entrar 10 exclamó:

—Estas no son gotas de agua que caen del cielo; son monedas nuevas; las gotas grandes son monedas de diez centavos° y las gotas chicas son de cinco . . .

Y miraba con ojos satisfechos el campo de maíz maduro con 15 las flores del frijol, todo cubierto por la transparente cortina° de la lluvia. Pero, de pronto, comenzó a soplar° un fuerte viento y con las gotas de agua comenzaron a caer granizos° muy grandes. Esos sí que[4] parecían monedas de plata nueva. Los muchachos, exponiéndose a la lluvia, corrían a recoger las 20 perlas heladas.

—Esto sí que está muy malo—exclamaba mortificado el hombre—ojalá[12] que pase pronto . . .

No pasó pronto. Durante una hora cayó el granizo sobre la casa, la huerta, el monte, el maíz y todo el valle. El campo 25 estaba blanco, como cubierto de sal. Los árboles, sin una hoja. El maíz, destruído. El frijol, sin una flor. Lencho, con el alma[10] llena de tristeza. Pasada[13] la tempestad, en medio del campo, dijo a sus hijos:

—Una nube de langostas° habría dejado más que esto . . . 30 El granizo no ha dejado nada: no tendremos ni maíz ni frijoles este año . . .

La noche fue de lamentaciones:

centavo, *cent*	soplar, *blow*	langostas, *locusts*
cortina, *curtain*	granizo, *hail, hailstone*	

—¡Todo nuestro trabajo, perdido!

—¡Y nadie que pueda[14] ayudarnos!

—Este año pasaremos° hambre . . .

Pero en el corazón de todos los que vivían en aquella casa solitaria en medio del valle, había una esperanza: la ayuda de[5] Dios.

—No te aflijas[15] tanto, aunque el mal es muy grande. ¡Recuerda[15] que nadie se muere de hambre!

—Eso dicen: nadie se muere de hambre . . .

Y durante la noche, Lencho pensó mucho en su sola espe-[10] ranza: la ayuda de Dios, cuyos ojos, según le habían explicado, lo[16] miran todo, hasta lo que está en el fondo de las conciencias.

Lencho era un hombre rudo, trabajando como una bestia en los campos, pero sin embargo sabía escribir. El domingo siguiente, con la luz del día, después de haberse[9] fortificado en[15] su idea de que hay alguien que nos protege, empezó a escribir una carta que él mismo llevaría al pueblo para echarla° al correo.

No era nada menos que una carta a Dios.

"Dios—escribió—si no me ayudas pasaré hambre con toda[20] mi familia durante este año. Necesito cien pesos para volver a sembrar y vivir mientras viene la nueva cosecha, porque el granizo . . ."

Escribió "A Dios" en el sobre,° metió la carta y, todavía preocupado, fue al pueblo. En la oficina° de correos, le puso un[25] sello° a la carta y echó ésta en el buzón.°

Un empleado,° que era cartero° y también ayudaba en la oficina de correos, llegó riéndose mucho ante su jefe, y le mostró la carta dirigida a Dios. Nunca en su existencia de cartero había conocido esa casa. El jefe de la oficina—gordo y amable[30]

pasaremos, *we shall suffer*
echar al correo, *to mail*
sobre, *envelope*
oficina de correos, *post office*

sello, *stamp*
buzón, *mailbox*
empleado, *employee*
cartero, *mailman*

—también empezó a reír, pero muy pronto se puso serio, y mientras daba golpecitos[17] en la mesa con la carta, comentaba:

—¡La fe! ¡Ojalá[12] que yo tuviera la fe del hombre que escribió esta carta! ¡Creer como él cree! ¡Esperar con la con-
5 fianza con que él sabe esperar! ¡Empezar correspondencia con Dios!

Y, para no desilusionar aquel tesoro de fe, descubierto por una carta que no podía ser entregada, el jefe de la oficina tuvo una idea: contestar la carta. Pero cuando la abrió, era evidente
10 que para contestarla necesitaba algo más que buena voluntad, tinta° y papel. Pero siguió con su determinación: pidió dinero a[18] su empleado, él mismo dio parte de su sueldo, y varios amigos suyos tuvieron que darle algo "para una obra de caridad."

15 Fue imposible para él reunir los cien pesos pedidos por Lencho, y sólo pudo enviar al campesino° un poco más de[19] la mitad. Puso los billetes° en un sobre dirigido a Lencho y con ellos una carta que tenía sólo una palabra, como firma: DIOS.

20 Al siguiente domingo, Lencho llegó a preguntar, más temprano que de costumbre, si había alguna carta para él. Fue el mismo cartero quien le entregó la carta, mientras que el jefe, con la alegría de un hombre que ha hecho una buena acción, miraba por la puerta desde su oficina.

25 Lencho no mostró la menor sorpresa al ver[11] los billetes— tanta era su seguridad—pero se enfadó al contar el dinero. . . . ¡Dios no podía haberse equivocado, ni negar lo que Lencho le había pedido!

Inmediatamente, Lencho se acercó a la ventanilla para pedir
30 papel y tinta. En la mesa para el público, empezó a escribir, arrugando° mucho la[10] frente a causa del trabajo que le daba

tinta, *ink*
campesino, *peasant*

billetes, *banknotes*
arrugando, *wrinkling*

expresar sus ideas. Al terminar, fue a pedir un sello, que mojó°
con la lengua y luego aseguró con un puñetazo.°

Tan pronto como la carta cayó al buzón, el jefe de correos
fue a abrirla. Decía:

"Dios: del dinero que te pedí, sólo llegaron a mis manos [5]
sesenta pesos. Mándame el resto, como lo necesito mucho;
pero no me lo mandes por la oficina de correos, porque los
empleados son muy ladrones.—Lencho."

Cuentos campesinos de México 1940

mojó, *he wet*   puñetazo, *blow of his fist*

COPLAS POPULARES*

De las flores, la violeta;
de los emblemas, la cruz;
de las naciones, mi tierra;
y de las mujeres, tú.

* * *

Sobre la yerba, la palma;
sobre la palma, los cielos;
sobre mi caballo, yo;
y sobre yo, mi sombrero.

* For biographical and other notes on poets and poems, see Notes commencing page 183.

~~~~~~

ALBERTO GUILLÉN

PERUANO   1899 – 1936

GUILLÉN was a proud and temperamental spirit who wrote with fresh and sharp penetration. All his work, from the sonnets of *Deucalión* (1920) to *Romancero* and *Leyenda patria* (1935), voiced his protest against artificial rhetoric, and his anguished search for knowledge, simplicity, and directness of expression. *Leyenda patria,* from which this *cuento* is taken, is a prose poem retelling the story of America's great heroes.

El sueño del tejedor

Comenzaremos como un cuento. Porque la historia que os voy a contar es tan bella, tan maravillosa como un cuento.

Una vez había un hombre sin patria. Era hijo de un tejedor. Y el hijo continúa la profesión de su padre, pero en vez de tejer lana de cordero,° se hace tejedor de sueños, de pensa- 5 mientos elevados. Y no tenía patria, o tenía todas las patrias. Porque los grandes hombres son ciudadanos° del mundo.

El hombre de mi cuento tenía seguramente un alma tan grande que se hallaba estrecha entre las cuatro paredes de la vieja Europa, y quería partir a un mundo nuevo. Es como 10 cuando nos encontramos cohibidos° en nuestra vieja alma y deseamos partir, ser más grandes, ampliar° nuestro horizonte y la concepción de nuestra vida. Es decir, que ese hombre era un soñador° en la patria del mundo. Y tenía la inquietud

tejedor, *weaver*	ciudadanos, *citizens*	ampliar, *to broaden*
cordero, *sheep*	cohibidos, *restricted*	soñador, *dreamer*

de los poetas, de los marineros y los pájaros. Esta inquietud
era partir, volar, descubrir.

Y como se había casado con la hija de Bartolomé Perestrello,
que era navegante,° su mujer le regaló los papeles de su padre.
5 Y en ellos, leía de otras tierras, de otras rutas,° de otros mares.
Y así, soñó un día que detrás del mar había otro mar y otro
mar. Y detrás de todos estos mares había una tierra, otra tierra
con sus hombres amarillos, sus árboles de incienso y sus torres
de porcelana con campanillas[1] de plata que sonaban en la
10 brisa.° Es decir, soñó en la famosa Cipango que ya conoció
otro viajero que se llamaba Marco Polo. Y soñó ir allá. Y no en
camello ni en asno° sino en carabela.° Por eso se le veía[2] al
viejo marinero en las orillas del mar mirando fijamente el
horizonte.

15 Y este hombre, este soñador cuya cabeza se volvió blanca
con la nieve de esos sueños grandes y generosos, y que tenía los
ojos de pájaro, de tanto mirar al mar y de andar por las sierras°
y las playas, les[3] contó su sueño a los Príncipes del tiempo. Y
les[4] pidió un buquecito de vela para ir a buscar esas tierras
20 maravillosas que había allá detrás del mar, detrás de la duda
de todos los hombres tímidos y pequeños. Les dijo que estaba
seguro de que las olas curvas y mecedoras° lo llevarían a Cipango.

Pero los Príncipes lo escucharon con una sonrisa. Porque
25 entonces hasta los Príncipes creían que la tierra era llana como
una mesa. Y lo llamaron loco.

Y de tanto andar de corte en corte, contando su sueño a los
Príncipes burlones,° se volvió pobre el marinero viejo, y se
le gastaron los pies y la esperanza. Su mujer había muerto.

navegante, *navigator*	sierras y playas, *mountain ranges and*
ruta, *route*	*beaches*
brisa, *breeze*	mecedoras, *rocking*
asno, *donkey*	burlones, *mocking*
carabela, *sailing ship*	

Sólo quedaba un hijo, otro tejedorcito de sueños y esperanzas. Un día tuvo hambre y tuvo sueño. Y anda[5] que anda que andarás, con el hijito de la mano, se encontró ante la puerta de una casona° vieja, con muchos árboles y flores. Llamó a la puerta y lo salió a recibir un frailecito° simple, con una sonrisa 5 alegre como el agua.

—Perdonad[6] el harapo°—dijo el marinero. —Este niño tiene hambre y yo tengo frío y ganas de dormir.

—Seas[7] bienvenido en esta casa—le respondió el fraile. —Nuestro Padre San Francisco[8] te da refugio en el hueco° de 10 sus manos que bendecían los pájaros. Pasa.[9] El nos ordenó recibir aún a[10] los ladrones.

Y se quedó en la casa franciscana el viejo marinero. Un día se cansó de su silencio y les contó a los frailecitos el cuento de las tierras con campanarios° azules, y árboles de dulces aromas 15 que estaban más allá del mar. Y como los Príncipes burlones, se sonrieron también todos los hermanos de Francisco porque eran simples y porque estaban muy contentos de su casona vieja. Se sonrieron todos. Menos uno que se llamaba Juan Pérez. Este fue con el cuento a la Reina. Porque Juan Pérez era 20 confesor de la Reina de España.

La Reina le dijo al padre viejo:—¿Qué debo hacer?

—Reúne a los doctores más sabios de tu reino. Ellos te dirán si existen esas tierras o si mi marinero es un loco.

Y así se hizo. El viejecito sacó sus papeles gastados de tanto 25 uso, y les contó su cuento.

Entonces la Reina le preguntó a Juan Pérez:—Y ahora ¿qué hace falta?

—Tres carabelas, su Majestad.

La Reina pensó mucho, porque en las guerras había gastado 30 su dinero. Pero de pronto:—Aquí las tienes—le dijo a Pérez. Y le entregó sus anillos° y collares.

casona, *big house*	harapo, *rags*	campanarios, *bell towers*
frailecito, *little friar*	hueco, *hollow*	anillos y collares, *rings and necklaces*

Entonces el marinero partió. Se lanzó al oeste° como una
flecha.° Le guió un pájaro de blancas plumas. Como aquella
estrella que llevó tres Reyes Magos° a Belén. No iba a nacer un
Dios, pero sí, iba a nacer un continente.

5   Para eso los marineros tenían que sufrir hambres, enferme-
dades, y vigilias. Tres meses pasaron sobre las velas pacientes
de las tres carabelas que iban atravesando el mar. El viento
las empujaba con sus hombros viejos y fuertes. Pero quien[11]
guiaba era el pájaro, que iba siempre delante hacia el oeste.

10   Una mañana don Cristóbal Colón dio un grito grande. El
pájaro marinero le había guiado a la tierra, que ya se veía
como una nube en el horizonte. No era la soñada Cipango con
sus campanarios azules, sino una isla verde como una esmeralda,° y casi toda cubierta de selvas.° Se llamaba entonces
15 Guanahaní,[12] pero Colón le dio un nombre nuevo: San Salvador.

Y Colón desembarcó en la orilla de oro, y plantó la cruz y la
bandera.° Después de Jesús, dijo naturalmente el nombre de
Isabel, de la Reina que le regaló las tres carabelas.

20   De regreso a las Españas, porque entonces eran muchas y
muy grandes, y en sus dominios no se ponía el sol, el viejecito
Cristóbal Colón puso en las manos de la Reina de todos esos
mundos, otro mundo nuevecito. Era como si en el extremo
de su collar de oro le pusiera[13] una esmeralda. Lo cierto es que
25 la Reina no podía quejarse de haber regalado sus anillos. El
viejo marinero le regaló en cambio a doña Isabel, la católica
reina de Aragón[14] y Castilla, tierras grandes con sus pájaros.
sus ríos llenos de canoas, y en el fondo de los ríos piedrecitas
de oro. Pero sobre todo le regaló a la Reina esos hombres de
30 cobre° que caminaban en dos pies como nosotros. Llevó a la
corte muchos indios de ojos dulces e[15] inquietos como los ojos

oeste, *west*
flecha, *arrow*
Reyes Magos a Belén, *Wise Men to*
  Bethlehem

esmeralda, *emerald*
selvas, *forests*
bandera, *flag*
cobre, *copper*

de sus llamas. Y en la Corte los admiraron mucho los caballeros y las damas, como si fueran[13] monos° graciosos y loros° gritadores.

A cambio de todo esto, de todos estos cielos nuevos, de todos 5 estos horizontes, de todas estas islas y estas tierras, de todas estas nuevas rutas que daban la vuelta al mundo, el viejecito don Cristóbal Colón murió pobre y de pena.

Y todo fue porque la Reina se olvidó de darle un poco de pan y una casita en donde vivir. Pero en verdad que tiene 10 disculpa° la Reina. Si se olvidó de Colón fue por estar[16] riendo las gracias de los monos y por tratar[16] de enseñarles la hermosa lengua de Castilla a los loritos verdes y dorados.°

Leyenda patria 1933

monos, *monkeys*   loros, *parrots*   disculpa, *excuse*   dorados, *golden*

RAFAEL ALBERTO ARRIETA[1]
ARGENTINO   1889–1968
NOCHE DE ENERO[2]

Noche de enero, quieta y luminosa,
junto al río, entre piedras, y a tu lado,
mi corazón maduro
para la maravilla y el milagro.
Si una estrella cayese
tendería mi mano.

JOSÉ ANTONIO CAMPOS

ECUATORIANO   1868 – 1939

JOSE ANTONIO CAMPOS was a journalist and an educator and was at one time Minister of Education in Ecuador. He wrote comparatively little, mainly sketches and stories of local customs, of which two collections have been published. *Los tres cuervos,* his most famous story, which has appeared in many anthologies, is a satire on rumor and exaggerated stories, which are just as common in Spanish America as in the United States.

Los tres cuervos°

—¡Mi general!

—¡Coronel!

—Es mi deber comunicarle que ocurren cosas muy particulares en el campamento.°

—Diga usted, coronel.

—Se sabe, de una manera positiva, que uno de nuestros soldados se sintió al principio un poco enfermo; luego creció su enfermedad; más tarde sintió un terrible dolor en el estómago y por fin vomitó tres cuervos vivos.

—¿Vomitó qué?

—Tres cuervos, mi general.

—¡Cáspita°!

—¿No le parece a mi general que éste es un caso muy particular?

—¡Particular, en efecto!

—¿Y qué piensa usted de ello?

—¡Coronel, no sé qué pensar! Voy a comunicarlo en seguida al Ministerio. Conque son . . .

cuervos, *crows*   campamento, *camp*   cáspita, *good Lord!*

—Tres cuervos, mi general.

—¡Habrá[1] algún error!

—No, mi general; son tres cuervos.

—¿Usted los ha visto?

5   —No, mi general; pero son tres cuervos.

—Bueno, lo creo, pero no me lo explico. ¿Quién le informó a usted?

—El comandante° Epaminondas.

—Hágale usted venir en seguida, mientras yo transmito
10 la noticia.

—Al momento, mi general.

* * *

—¡Comandante Epaminondas!

—¡Presente, mi general!

—¿Qué historia es aquélla de los tres cuervos que ha vomi-
15 tado uno de nuestros soldados enfermos?

—¿Tres cuervos?

—Sí, comandante.

—Yo sé de dos, nada más, mi general; pero no de tres.

—Bueno, dos o tres, poco importa. La cuestión está en descu-
20 brir si en realidad había verdaderos cuervos en este caso.

—Claro que había, mi general.

—¿Dos cuervos?

—Sí, mi general.

—¿Y cómo ha sido eso?

25   —Pues la cosa más sencilla, mi general. El soldado Pantaleón dejó una novia en su pueblo que, según la fama, es una
muchacha morena,° linda y muy viva. ¡Qué ojos aquéllos, mi
general, que parecen dos estrellas! ¡Qué boca! ¡Qué mirada
aquélla! ¡Y qué sonrisa!

30   —¡Comandante!

—¡Presente, mi general!

comandante, *major*   morena, *brunette*

—Sea usted breve y omita todo detalle innecesario.

—¡A la orden, mi general!

—Y al fin ¿qué hubo° de los cuervos?

—Pues bien, el muchacho estaba triste por la dolorosa ausencia de aquélla que sabemos, y no quería comer nada, 5 hasta que cayó enfermo del estómago y . . . de pronto ¡puf! . . . dos cuervos.

—¿Usted tuvo ocasión de verlos?

—No, mi general, pero oí la noticia.

—¿Y quién se la dijo a usted? 10

—El capitán Aristófanes.

—Pues dígale usted al capitán que venga[2] inmediatamente.

—¡En seguida, mi general!

*　　*　　*

—¡Capitán Aristófanes!

—¡Presente, mi general! 15

—¿Cuántos cuervos ha vomitado el soldado Pantaleón?

—Uno, mi general.

—Acabo de saber que son dos, y antes me habían dicho que eran tres.

—No, mi general, no es más que uno, afortunadamente; 20 pero sin embargo me parece que basta uno para considerar el caso como extraordinario . . .

—Pienso lo mismo, capitán.

—Un cuervo, mi general, no tiene nada de particular, si lo consideramos desde el punto de vista zoológico. ¿Qué es el 25 cuervo? No lo confundamos con el cuervo europeo, mi general, que es el *corvus corax*.[3] La especie que aquí conocemos es muy distinta. Me parece que aquí se trata del verdadero y legítimo *Sarcoranfus*, que se diferencia del *vultur papa*, del *catartus* y aun del mismo *californianus*. 30

—¡Capitán!

qué hubo de, *what about*

—¡Presente, mi general!

—¿Estamos en la clase de Historia Natural?

—No, mi general.

—Entonces, vamos al caso. ¿Qué hubo del cuervo que vo-
5 mitó el soldado Pantaleón?

—Es positivo, mi general.

—¿Usted lo vio?

—Tanto como verlo, no, mi general; pero lo supe° por el
teniente° Pitágoras, que fue testigo del hecho.

10   —Está bien. Quiero ver en seguida al teniente Pitágoras.

—¡Será usted servido, mi general!

*   *   *

—¡Teniente Pitágoras!

—¡Presente, mi general!

—¿Qué sabe usted del cuervo?

15   —Pues, mi general; el caso es raro en verdad; pero ha sido
muy exagerado.

—¿Cómo así?

—Porque no fue un cuervo entero, sino parte de un cuervo,
nada más. Fue una ala de cuervo, mi general. Yo, como es
20 natural, me sorprendí mucho y corrí a informar a mi capitán
Aristófanes; pero parece que él no oyó la palabra *ala* y creyó
que era un cuervo entero; a su vez fue a informar a mi comandante Epaminondas, quien entendió que eran dos cuervos y
él se lo dijo al coronel, quien creyó que eran tres.

25   —Pero . . . ¿y esa ala o lo° que sea?

—Yo no la he visto, mi general, sino el sargento Esopo. A
él se le debe la noticia.

—¡Ah diablos! ¡Que venga⁴ ahora mismo el sargento Esopo!

—¡Vendrá al instante, mi general!

---

supe, *learned*   teniente, *lieutenant*   lo que sea, *whatever it is*

—¡Sargento Esopo!

—¡Presente, mi general!

—¿Qué tiene el soldado Pantaleón?

—Está enfermo, mi general.

—Pero ¿qué tiene?   5

—Está muy enfermo.

—¿Desde cuándo?

—Desde anoche, mi general.

—¿A qué hora vomitó el ala del cuervo que dicen?

—No ha vomitado ninguna ala, mi general.   10

—Entonces, imbécil ¿cómo has relatado la noticia de que el soldado Pantaleón había vomitado una ala de cuervo?

—Con perdón, mi general. Yo desde chico sé un versito que dice:

> Yo tengo una muchachita   15
> Que tiene los ojos negros
> Y negra la cabellera°
> Como las alas del cuervo.
> Yo tengo una muchachita . . .

—¡Basta, idiota!   20

—Bueno, mi general, lo que pasó fue que cuando vi a mi compañero que estaba tan triste por la ausencia de su novia, me acordé del versito y me puse a cantar . . .

—¡Ah diablos!

—Eso fue todo, mi general, y de ahí ha corrido la historia.   25

—¡Retírate al instante, imbécil!

Luego se dio el jefe un golpe en la frente y dijo:

¡Pero qué calamidad! ¡Creo que puse cinco o seis cuervos en mi información,° como suceso extraordinario de campaña!

García Calderón, Los mejores cuentos americanos 1910

cabellera, *hair*   información, *report*

HORACIO QUIROGA
URUGUAYO 1878 – 1937

QUIROGA was born in Uruguay, but he spent most of his adult life in the territory of Misiones in northern Argentina. The greatest writer of short stories in Spanish America, he wrote of what he knew at first hand: the life of the jungle and the hardships of the men who live in it. His greatest triumphs are his psychological studies and his animal stories, worthy of comparison with those of Kipling.

Historia de dos cachorros° de coatí y de dos cachorros de hombre

Había una vez un coatí que tenía tres hijos. Vivían en el monte comiendo frutas, raíces y huevos de pajaritos. Cuando estaban arriba de los árboles y sentían un gran ruido, se tiraban al suelo de cabeza° y salían corriendo con la cola[1] levantada.

Un día cuando los coaticitos fueron un poco grandes, su ₅ madre los reunió arriba de un naranjo° y les habló así:

—Coaticitos: ustedes son bastante grandes para buscarse la comida solos. Deben aprenderlo, porque cuando sean[2] viejos andarán siempre solos, como todos los coatís. El mayor de ustedes, que es muy amigo de cazar° cascarudos, puede encon- ₁₀

cachorros, *cubs*
de cabeza, *head first*

naranjo, *orange tree*
cazar cascarudos, *to hunt for husks*

trarlos entre los palos° podridos, porque allí hay muchos cascarudos e insectos. El segundo, que es gran comedor de frutas,
puede encontrarlas en este naranjal°; hasta diciembre habrá
naranjas. El tercero, que no quiere comer sino huevos de
5 pájaros, puede ir a todas partes. Pero que no vaya[3] nunca a
buscar nidos al campo, porque es peligroso.

Coaticitos: hay una sola cosa a la cual deben tener gran
miedo. Son los perros. Yo peleé° una vez con ellos y sé lo que
les digo; por eso tengo un diente roto. Detrás de los perros
10 vienen siempre los hombres con un gran ruido que mata.
Cuando oigan[2] cerca este ruido, tírense de cabeza al suelo, por
alto que sea[4] el árbol. Si no lo hacen así, los matarán.

Así habló la madre. Todos se bajaron entonces y se separa-
ron, caminando de derecha a izquierda, como si hubieran
15 perdido algo, porque así caminan los coatís.

Dos de los coaticitos encontraron tanta comida que comieron hasta quedarse[5] dormidos. Pero el tercer coaticito, que
era loco por los huevos de pájaros, tuvo que andar todo el
día para encontrar sólo dos nidos: uno de tucán que tenía tres
20 huevos y uno de tórtola° que tenía sólo dos. Total, cinco huevos chiquitos, que era muy poca comida; de modo que al caer
la tarde el coaticito tenía tanta hambre como de mañana, y
se sentó muy triste a la orilla del monte. Desde allí veía el
campo y pensó en la recomendación° de su madre.

25 —¿Por qué no querrá[6] mamá—se dijo—que vaya[7] a buscar
nidos en el campo?

De pronto oyó muy lejos el canto de un pájaro.

¡Qué canto tan[8] fuerte!—dijo admirado.—¡Qué huevos tan
grandes debe de tener ese pájaro!

30 El canto se repitió. Y entonces el coatí se puso a correr por
entre el monte, cortando° camino, porque el canto había so-

palos podridos, *decayed logs*   tórtola, *turtledove*
naranjal, *orange grove*   recomendación, *warning*
peleé, *I fought*   cortando camino, *taking a short cut*

nado muy a su derecha. El sol caía ya, pero el coatí volaba con la cola levantada. Llegó a la orilla del monte por fin y miró al campo. Lejos vio la casa de los hombres y vio a un hombre con un caballo. Vio también un pájaro muy grande que cantaba y entonces el coaticito se golpeó° la frente y dijo: 5

—¡Qué tonto soy! Ahora ya sé qué pájaro es ése. Es un gallo; mamá me lo mostró un día, de arriba de un árbol. Los gallos tienen un canto lindísimo⁹ y tienen muchas gallinas° que ponen huevos. ¡Si yo pudiera comer huevos de gallina! . . .

Se sabe que nada gusta tanto a los animalitos de monte 10 como los huevos de gallina. Durante un rato el coaticito se acordó de la recomendación de su madre. Pero el deseo era más fuerte, y se sentó a la orilla del monte, esperando la noche para ir al gallinero.°

La noche cerró por fin, y entonces, en puntas° de pie y paso 15 a paso, se acercó a la casa. Llegó allá y escuchó atentamente: no se oía el menor ruido. El coaticito, loco de alegría porque iba a comer cien, mil, dos mil huevos de gallina, entró en el gallinero y lo primero que vio muy cerca de la entrada fue un huevo que estaba solo en el suelo. Pensó un instante en dejarlo 20 para el final, como postre,° porque era un huevo muy grande; pero la boca° se le hizo agua y clavó los dientes en el huevo.

Apenas lo mordió ¡TRAC! un terrible golpe en la cara y un inmenso dolor en el hocico.°

—¡Mamá, mamá!—gritó, loco de dolor, saltando a todos 25 lados. Pero estaba sujeto y en ese momento oyó el ronco° ladrido de un perro.

*   *   *

Mientras el coatí esperaba en la orilla del monte, el hombre de la casa jugaba con sus hijos, dos criaturas rubias de cinco

golpeó, *struck*	postre, *dessert*
gallinas, *hens*	la boca . . . agua, *his mouth watered*
gallinero, *hen house*	hocico, *snout*
en puntas de pie, *on tiptoe*	ronco ladrido, *harsh barking*

y seis años, que corrían riendo, se caían, se levantaban riendo
otra vez y volvían a caerse. El padre se caía también, con gran
alegría de los chicos. Por fin dejaron de jugar porque ya era
de noche, y el hombre dijo entonces:

5   —Voy a poner la trampa° para cazar a la comadreja° que
viene a matar los pollos° y robar los huevos.

Y fue y armó° la trampa. Después comieron y se acostaron.
Pero las criaturas no tenían sueño y jugaban saltando de la
cama del uno a la del otro. El padre, que leía en el comedor,
10 los dejaba jugar. Pero los chicos de repente se detuvieron en
sus saltos y gritaron:

—¡Papá! ¡Ha caído la comadreja en la trampa! ¡El perro
está ladrando°! ¡Nosotros también queremos ir, papá!

El padre consintió y fueron. ¿Qué vieron allí? Vieron a su
15 padre, teniendo al perro con una mano, mientras con la otra
levantaba por la cola a un coatí, un coaticito chico aún, que
gritaba con un chillido° rapidísimo° y agudo, como un grillo.°

—¡Papá, no lo mates!—gritaron las criaturas.—¡Es muy
chiquito! ¡Dánoslo para nosotros!

20   —Bueno, se lo voy a dar—respondió el padre.—Pero cuí-
denlo bien y sobre todo no se olviden de que los coatís toman
agua como ustedes.

Decía esto porque los chicos habían tenido una vez un ga-
tito° montés al cual siempre le llevaban carne; pero nunca
25 le dieron agua y se murió.

Pusieron al coatí en la misma jaula° del gato montés, que
estaba cerca del gallinero, y se acostaron todos a la vez.

Y cuando era más de media noche y había un gran silencio,
el coaticito, que sufría mucho por los dientes de la trampa, vio
30 a la luz de la luna tres sombras que se acercaban con gran
prudencia. El corazón le dio un vuelco° al pobre coaticito al

trampa, *trap*	ladrando, *barking*	gatito montés, *little wildcat*
comadreja, *weasel*	chillido, *shriek*	jaula, *cage*
pollos, *chickens*	grillo, *cricket*	vuelco, *turn*
armó, *set*		

reconocer a su madre y sus dos hermanos que lo estaban buscando.

—¡Mamá, mamá!—murmuró el prisionero en voz muy baja para no hacer ruido.—¡Estoy aquí! ¡Sáquenme de aquí! ¡No quiero quedarme, ma . . . má!—Y lloraba desconsolado.[10] 5

Pero a pesar de todo estaban contentos porque se[11] habían encontrado y se[11] hacían mil caricias con el hocico.

Se trató en seguida de sacar al prisionero. Trataron primero de cortar el tejido° de alambre y los cuatro se pusieron a trabajar con los dientes; pero no conseguían nada. Entonces a la 10 madre se le ocurrió de repente una idea y dijo:

—Vamos a buscar la lima° del hombre, la que tiene tres lados como las víboras° de cascabel. Se empuja[12] y se tira. ¡Vamos a buscarla!

Fueron al taller° del hombre y volvieron con la lima. Cre- 15 yendo que uno solo no tendría fuerzas bastantes, sujetaron la lima entre los tres y empezaron el trabajo. Y trabajaron con tanto entusiasmo que pronto la jaula entera temblaba con las sacudidas y hacía un terrible ruido. Tal ruido hacía que el perro se despertó, lanzando un ronco ladrido. Pero los coatís 20 no esperaron a que viniera[2] el perro y huyeron al monte.

Al día siguiente los chicos fueron temprano a ver a su nuevo huésped, que estaba muy triste.

—¿Qué nombre le pondremos?—preguntó la niñita.

—¡Ya sé!—respondió el hermano.—¡Lo vamos a llamar 25 Diecisiete!

¿Por qué Diecisiete? Nunca hubo animal con nombre más raro. Pero el niño está aprendiendo a contar y tal vez le había llamado la atención aquel número.

El caso es que se llamó Diecisiete. Le dieron pan, choco- 30 late, carne, langostas, huevos, riquísimos huevos de gallina, y él dejó que le rascaran la cabeza. Pensaba a cada momento en

tejido de alambre, *wire netting*   víboras de cascabel, *rattlesnakes*
lima, *file*   taller, *workshop*

las cosas ricas que había para comer allí y pensaba en aquellos rubios cachorritos de hombre que tan alegres y buenos eran.

Durante dos noches seguidas° el perro durmió tan cerca de la jaula que la familia del prisionero no se atrevió a acercarse. Y cuando a la tercera noche llegaron de nuevo a buscar la lima para dar libertad al coaticito, éste les dijo:

—Mamá: yo no quiero irme más de aquí. Me dan huevos y son muy buenos conmigo. Hoy me dijeron que si me portaba° bien me iban a dejar suelto muy pronto. Son como nosotros. Son cachorritos también y jugamos juntos.

Los coatís salvajes° quedaron muy tristes, pero se resignaron, prometiendo al coaticito venir todas las noches a visitarlo.

En efecto, todas las noches su madre y sus hermanos iban a pasar un rato con él. El coaticito les daba pan por entre el tejido de alambre y los coatís salvajes se sentaban a comer frente a la jaula.

Al cabo de quince días el coaticito andaba suelto y él mismo se iba de noche a su jaula. Salvo algunos tirones° de orejas que se llevaba por andar muy cerca del gallinero, todo marchaba bien. El y las criaturas se querían[11] mucho y los mismos coatís salvajes, al ver qué buenos eran aquellos cachorritos de hombre, habían concluido por tomar cariño a las dos criaturas.

Hasta que una noche muy obscura, en que hacía mucho calor y tronaba,° los coatís salvajes llamaron al coaticito y nadie les respondió. Se acercaron muy inquietos y vieron entonces, en el momento en que casi la pisaban, una enorme víbora de cascabel a la entrada de la jaula. Los coatís comprendieron en seguida que el coaticito había sido mordido al entrar, y no había respondido a su llamada porque acaso estaba ya muerto. Pero lo iban a vengar bien. En un segundo, entre los tres, volvieron loca a la víbora de cascabel, saltando de aquí para allá, y en otro segundo la mataron a mordiscones.°

seguidas, *in a row*
me portaba, *I behaved*
salvajes, *wild*
tirones, *pulling*
tronaba, *it was thundering*
mordiscones, *bites*

Corrieron entonces adentro y allí estaba en efecto el coaticito extendido, con las patas° temblando y muriéndose. En vano los coatís salvajes lo movieron; lo lamieron° en vano por todo el cuerpo durante un cuarto de hora. El coaticito abrió por fin la boca y dejó de respirar. Estaba muerto. 5

Al verlo así, su madre y sus hermanos lloraron un largo rato. Después, como nada más tenían que hacer allí, salieron de la jaula, miraron por última vez la casa donde el coaticito había sido tan feliz y se fueron otra vez al monte.

Pero los tres coatís, sin embargo, iban muy preocupados y su 10 preocupación era ésta: ¿qué iban a decir los chicos cuando, al día siguiente, vieran muerto a su querido coaticito? Los chicos lo querían muchísimo y ellos, los coatís, querían también a los cachorritos rubios. Así es que los tres coatís tenían el mismo pensamiento y era evitarles ese gran dolor a los chicos. 15

Hablaron un largo rato y al fin decidieron lo siguiente: el segundo de los coatís, que se parecía muchísimo al menor, iba a quedarse en la jaula en vez del difunto. Como ya sabían muchos secretos de la casa, por los cuentos del coaticito, los chicos no conocerían nada; extrañarían un poco algunas cosas, 20 pero nada más.

Y así pasó en efecto. Llevaron al monte el cuerpo del coaticito, y su hermano lo reemplazó.°

Al día siguiente los chicos extrañaron, en efecto, algunas costumbres raras del coaticito. Pero como éste era tan bueno y 25 cariñoso como el otro, las criaturas no tuvieron la menor sospecha.° Formaron la misma familia de cachorritos de antes, y, como antes, los coatís salvajes venían cada noche a visitar al coaticito civilizado y se sentaban a su lado a comer pedacitos de huevos duros que él les guardaba, mientras ellos le contaban 30 la vida de la selva.

Cuentos de la selva 1921

patas, *paws*	reemplazó, *replaced*
lamieron, *they licked*	sospecha, *suspicion*

RAFAEL BERNAL

MEXICANO 1915 –

THERE is a growing interest in Spanish America, and especially in Argentina and Mexico, in the detective story and novel. One of the most successful writers in this field is Rafael Bernal, who was born in Mexico City and educated in Mexico and Canada. In addition to four volumes of detective stories, he has published poetry, drama, memoirs, and a history of piracy.

De muerte natural

Si esa aguja° hipodérmica nueva no le hubiera caído en las manos desde una ventana del hospital, don Teódulo Batanes no habría sabido nada y un criminal se habría quedado sin castigo. Ese día de la aguja iba don Teódulo a salir del hospital. Por mejor decir, ya había salido, su pierna perfectamente ⁵ curada, después que la cabeza de piedra se le cayó encima en el museo, rompiéndole la pierna. A las doce del día, cuando encontró la aguja, ya debería haberse ido; pero era un hombre cortés° y quería despedirse de la Madre Fermina, que lo había atendido muy bien durante su enfermedad. Quería, además, ¹⁰ regalarle un rosario de cuentas° de plata, como recuerdo, y pedirle que rogara por él, para que no le volvieran a caer ídolos encima y no volviera a perder su empleo en el Museo de México, empleo que ya había perdido tres veces, por meterse a

aguja, *needle*   cortés, *courteous*   cuentas, *beads* averiguar cosas como robos° y asesinatos que nadie lo llamaba a averiguar.

Caminaba en busca de la Madre Fermina por el jardín cuando frente a él, de una de las ventanas, cayó una aguja hipo-
⁵ dérmica. Don Teódulo, que la vio caer y brillar en el sol, la levantó, la observó con cuidado, vio que tenía un poco de sangre, como si alguien la hubiera usado para poner una inyección intravenosa; y trató de averiguar, oliéndola, qué sustancia se había usado; pero la aguja no olía a nada.

¹⁰ —Algún médico o practicante° poco cuidadoso o muy distraído habrá dejado caer esta aguja—pensó; y volviendo los ojos a las ventanas, trató en vano de descubrir de cuál de ellas pudo caer la aguja. Viendo que todas estaban abiertas y que no había nadie en ninguna de ellas, siguió su paseo en busca
¹⁵ de la Madre Fermina, pensando entregarle también la aguja y pensando otras muchas cosas, sobre todo en la razón que tendría alguien para tirar una aguja nueva y en perfectas condiciones por una ventana.

Dio la vuelta al jardín sin ver a la Madre, y volvió a entrar
²⁰ al edificio. En el vestíbulo, una de las madres regañaba° a un practicante:

—Parece increíble° que sea usted tan descuidado, Pedrito. ¡Perder su bata° y su mascarilla°! El doctor Robles estaba furioso porque no llegaba usted a tiempo.

²⁵ —Las dejé en el pasillo,° Madre—contestó Pedrito—y cuando volví ya no estaban.

—Pues aquí encontré la bata en el vestíbulo—siguió la Madre—sobre esa silla. Tómela usted.

—Gracias, Madre—contestó Pedrito.—Pero falta la masca-
³⁰ rilla . . .

robos y asesinatos, *robberies and murders*
practicante, *intern*
regañaba, *was scolding*

increíble, *unbelievable*
bata, *gown*
mascarilla, *mask*
pasillo, *corridor*

—¡La habrá tirado por allí!

Don Teódulo oyó la conversación, saludó a la Madre y siguió hacia su cuarto en busca de sus maletas.° En uno de los pasillos encontró a una Hermana:

—Buenas tardes, hermana Lupe—dijo.

—Buenas tardes, don Teódulo—contestó la hermana.—¿Conque ya se va usted?

—Desgraciadamente ésa es la verdad o realidad—dijo, con su rara costumbre de hablar en sinónimos.—Ya mejor o curado de esta pierna, me voy de nuevo a mi empleo o trabajo, pero mientras viva, tendré un grato recuerdo de ustedes y vendré a saludarlas o visitarlas con frecuencia.

En el comedor no había nadie. Aún era temprano y estaba vacío. Más adelante, don Teódulo llegó a la sala de visitas, que estaba casi llena. Por un lado de la sala estaban los parientes de doña Leocadia Gómez y González de la Barquera, la viuda millonaria que habían operado del apéndice esa mañana. Estaban todos rígidos, aburridos,° graves, como habían estado todos los días anteriores en que habían venido a visitar a la enferma. Don Teódulo ya los conocía de vista: el hermano de la operada, don Casimiro, de gran bigote° negro pintado, traje correcto, y con dos o tres cabellos tratando de ocultar la calva°; doña María, la hermana, seca y alta, vestida de negro; los sobrinos Juan y Ambrosio, bien vestidos, bien peinados,° caras disipadas y cansadas; la sobrina Clara, elegante, bonita, muy pintada y sofisticada, la única de todos ellos que parecía capaz de una sonrisa. Bien sabía él que todos venían sólo porque doña Leocadia, la operada, era la rica de la familia. Ya hacía más de una hora que habían sacado a la enferma de la sala de operaciones y la habían llevado a su cuarto y tan sólo esperaban que se despertara para saludarla.

Don Teódulo buscó con los ojos a la Madre Fermina sin en-

maletas, *suitcases*	bigote, *mustache*	peinados, *groomed*
aburrido, *bored*	calva, *baldness*	

contrarla; y ya se iba cuando la vio entrar rápidamente y acercarse a don Casimiro. Le dijo algo en voz baja, éste dio señales de asombro, habló con sus parientes, volvió a hablar con la Madre, y todos se fueron juntos por uno de los pasillos, se-
⁵guidos por don Teódulo, que aún esperaba hablar con la Madre Fermina. En el pasillo delante del cuarto de la enferma encontraron al Padre. Don Teódulo comprendió que doña Leocadia estaba grave, probablemente en agonía, y que quería ver por última vez a sus parientes y al Padre. El doctor Robles
¹⁰salía del cuarto.

—Está muerta—dijo.—Embolio en el corazón. Nunca lo tuvo muy fuerte.

Los parientes inclinaron la cabeza y entraron al cuarto con el Padre y la Madre Fermina, cerrando la puerta. El doctor
¹⁵comentó con la hermana Lupe, que estaba de guardia en ese pasillo:

—No me lo explico, Hermana: cuando la trajimos después de la operación, estaba perfectamente.

—Entré hace unos minutos a ver cómo estaba y la vi muerta
²⁰—contestó la hermana.

—Hace por lo menos una hora que murió—declaró el doctor alejándose.

—Descanse en paz¹—contestó la hermana, y empezó el rezo° de difuntos. Don Teódulo se atrevió a interrumpirla:

²⁵—Dice o afirma usted, hermana, que cuando usted entró ya estaba ella muerta. ¿Cómo lo supo?

—Nosotras conocemos la muerte, don Teódulo—contestó.

—¿Estaba usted de guardia aquí?—preguntó don Teódulo.

—Sí, especialmente delante de este cuarto. Es la única en-
³⁰ferma grave que tenemos . . .

—Teníamos, hermana, teníamos. Ahora ya ha muerto. Y dígame, hermana ¿no entró o penetró nadie al cuarto después de la operación?

rezo, *prayer*

—Sí, un practicante, pero no lo pude reconocer: estaba yo al fondo del pasillo y ya no veo muy bien.

—Gracias, hermana, la dejo a usted con sus rezos.

Y don Teódulo se alejó por el pasillo, pensando, meditando. Algo le preocupaba intensamente. Sacó la aguja y la observó[5] con cuidado, dirigiéndose con ella al laboratorio del hospital, donde el doctor era su amigo. Media hora más tarde salió meneando° la cabeza. En la aguja no había rastro° de sustancia alguna, sólo sangre. El doctor aseguraba que con ella había sido pinchada° una vena, pero no se había inyectado ninguna[10] sustancia; que no era de las agujas que usaba generalmente el hospital y que nunca había sido usada antes.

En el vestíbulo, don Teódulo encontró a Pedrito, el practicante distraído que había perdido su bata y su mascarilla.

—Me informan o dicen—le dijo don Teódulo en tono de[15] broma—que usted fue el último que penetró en el cuarto o alcoba de doña Leocadia. ¿Es posible que le haya dado usted alguna sustancia o medicina que le provocó o causó la muerte?

—No, señor—le dijo—no he entrado a su cuarto en toda la mañana.[20]

Don Teódulo siguió adelante con su paseo por el hospital. Encontró en otro sitio al segundo practicante, a quien hizo la misma pregunta, y recibió la misma respuesta. Así siguió don Teódulo, preguntando lo mismo a todos los practicantes. Ninguno había entrado al cuarto de la enferma desde que la de-[25] jaron allí después de la operación y lo mismo contestaron los médicos cuando fueron interrogados discretamente. Don Teódulo estaba cada vez más preocupado.

En la puerta del cuarto de la difunta encontró a la hermana Lupe con una sábana.°[30]

—La voy a amortajar°—dijo.—Se la van a llevar dentro de un momento.

meneando, *shaking*	pinchada, *pierced*	amortajar, *to shroud*
rastro, *trace*	sábana, *sheet*	

—Si le pidiera un servicio o favor, Hermana ¿me lo haría o concedería?

—Diga usted, don Teódulo, y no ande tan misterioso.

—Pues yo quisiera que viera u² observara si la difunta o
5 muerta dama tiene en el brazo el rastro o huella de una inyección intravenosa.

—¿Por qué ha de tenerla? No se le ha puesto ninguna.

—Véalo u obsérvelo de todos modos—rogó don Teódulo
con su irresistible sonrisa tímida.

10 La Hermana entró al cuarto y don Teódulo quedó esperando afuera, hasta que ella salió a los pocos minutos.

—Sí—dijo la Hermana—tiene el rastro de que le pusieron
una inyección intravenosa en el brazo izquierdo, por cierto tan
mal puesta que mancharon la cama de sangre. ¡Estos practi-
15 cantes son tan descuidados a veces!

—¿Pero no me había dicho o informado usted que no le
habían puesto inyección alguna?

—Eso creía yo. Probablemente el doctor Robles ordenó
algo a última hora y se la habrá puesto el practicante que vi
20 entrar.

Don Teódulo fue en busca del doctor Robles, el cual no
había ordenado inyección intravenosa alguna. Pedrito, al ser
interrogado de nuevo, contestó que no encontraba su mascarilla por ninguna parte, que probablemente la había encon-
25 trado tirada por allí alguno de los criados y la había puesto
entre la ropa sucia. Pero en la ropa sucia de ese día, que don
Teódulo examinó con cuidado, no había ninguna mascarilla.
Cuando regresó al pasillo, salía la Madre Fermina del cuarto
y don Teódulo la llamó aparte.

30 —Madre—le dijo—yo sólo la buscaba o quería verla para
tener el gusto o, por mejor decir, el pesar de despedirme de
usted y darle mis gracias o agradecimientos más cariñosos . . .

—Gracias, don Teódulo—interrumpió la Madre.—Le
ruego que me espere en el salón . . .

—Pero es que ahora tengo la necesidad o urgencia de comunicar a usted un hecho o asunto que no puede esperar sin grave daño o perjuicio.

La Madre caminaba rápidamente por los pasillos y don Teódulo apenas si la podía alcanzar con sus pasos breves.   5

—Sí, Madre—le dijo—siento mucho y me duele lo que voy a tener que hacer, pero creo o considero que es preciso llamar a la policía . . .

—¿Qué está usted diciendo?—La Madre se detuvo de golpe.

—¿Para qué queremos aquí a la policía? ¿Le han robado algo? 10

—No es eso, Madre: se trata de algo mucho más grave o serio. Se trata de un homicidio. Permítame o déjeme que le explique en privado.

Entraron los dos al despachito de los teléfonos y allí la Madre escuchó lo que tenía que decirle don Teódulo. Cuando 15 éste acabó de hablar, ella le permitió llamar a la policía.

—Voy a ver cómo entretengo[3] a esa gente—dijo la Madre al salir.—Pero si todo resulta un error, don Teódulo, nos va a costar muy caro.

—No es error—dijo don Teódulo.—Lo mejor será juntar 20 a los parientes en el comedor, que está vacío, y esperar o aguardar allí la llegada de la policía.

La Madre Fermina, con algún pretexto, hizo que los cinco parientes se fueran al comedor y esperaran allí. Todos se sentaron alrededor de una mesa y la Madre les dijo: 25

—Va a haber una pequeña demora° mientras el doctor da el certificado. Les ruego que nos perdonen . . .

—Pero si[4] ya dio el certificado—interrumpió don Casimiro.

—Sí—siguió la Madre, que claramente no estaba muy acostumbrada al arte de mentir.—Pero aún hace falta el sello del 30 hospital y no está el encargado,° pero no tardará en venir . . .

—Pues, Madre—dijo María, la hermana de la muerta—me parece que hay mucho desorden en su hospital. Se lo diré a

demora, *delay*   encargado, *official*

la junta,° se lo diré, porque esto no puede tolerarse. Mi difunta hermana Leocadia, pobrecita, que de Dios goce[1] . . .

—Así sea—interrumpió don Teódulo desde una mesa cercana en la cual comía.

5 —Gracias, caballero—dijo María, tratando de sonreír.

—Pues sí, Madre: como le decía, mi hermana Leocadia dio grandes sumas para mejorar este hospital al que tenía mucho cariño y me parece increíble que . . .

—Tiene la señorita muy justa razón o motivo de queja— 10 volvió a interrumpir don Teódulo.—Pero hay casos en que no es posible . . .

—¿Y a usted quién lo mete?—preguntó don Casimiro irritado.

Don Teódulo bajó la cabeza y todos quedaron mirándose 15 en medio de un silencio cada vez más molesto.° Por fin entró la hermana Lupe.

—Madre Fermina—dijo—ya están aquí los señores que esperaba.

La Madre Fermina se levantó y salió, seguida por don Teó- 20 dulo, volviendo a entrar ambos al cabo de un rato, acompañados por dos policías uniformados, uno de ellos con el grado de capitán.

—¿Qué es esto?—preguntó don Casimiro levantándose.

—La policía o fuerza de seguridad pública—respondió don 25 Teódulo suavemente, con una sonrisa tímida en los labios.

—¿Y qué hace aquí la policía?—gritó don Casimiro.—¡Basta ya de demoras, Madre Fermina: que nos entreguen el cadáver de nuestra querida hermana y vámonos!

—En estos momentos—dijo el capitán—está un doctor exa- 30 minando el cadáver de la señora.

—¿Está qué?—gritó don Casimiro.

—Ha habido una denuncia°: parece ser que la señora murió asesinada . . .

junta, *board of trustees*   molesto, *uncomfortable*   denuncia, *accusation*

—Pero si[4] fue de muerte natural . . .—interrumpió uno de los sobrinos.

—Exactamente—dijo don Teódulo—de muerte natural, de un embolio en el corazón.

—No entiendo esto—interrumpió doña María.—Casimiro: [5] diles a esos policías que salgan, y vámonos . . .

—Vámonos—dijo don Casimiro levantándose.—Parece que todos están de acuerdo en que Leocadia murió de muerte natural . . .

—Así es: la señora ha muerto o fallecido de muerte natural: [10] nada más natural que un embolio. Desgraciadamente, este embolio fue causado o provocado por un agente extraño o artificial, lo cual puede y debe considerarse como un homicidio o asesinato . . .

—¡Dios mío!—gritó doña María.—Pero ¿quién pudo haberla . . . ? [15]

—Eso, exactamente, es lo que queremos descubrir o saber y yo creo que alguno de ustedes fue . . .

—¿Se atreve usted a insinuar que alguno de nosotros asesinó a Leocadia?—exclamó don Casimiro con gran indignación, los [20] bigotes temblando.

—Eso es lo que me he atrevido a decir y no insinuar, como ha dicho usted. Alguno de los aquí presentes, disfrazándose° de practicante de este hospital o sanatorio, penetró en el cuarto ocupado por la enferma doña Leocadia, ahora difunta, que [25] haya paz su alma,[1] y la mató o asesinó . . .

—¡Tú lo hiciste, Juan!—interrumpió gritando doña María, señalando a uno de los sobrinos. Este se levantó pálido, los ojos sin brillo.°

—Están locos—dijo.—Si alguien mató a la vieja, hizo bien, [30] pero no fui yo.

Clara se levantó también.

—No digas eso, Juan: era nuestra tía . . .

disfrazándose, *disguising himself*   brillo, *luster*

—Era una vieja avara°—insistió Juan.—Pero yo no la maté, ni sé quién la mató, ni cómo.

—No fue él—dijo Clara.—Estuvo toda la mañana conmigo en el jardín y luego aquí.

5 —La habrán matado entre los dos—gritó María.—Los dos están en la miseria, sabían que Leocadia los iba a desheredar° por la vida escandalosa que llevan, lo mismo que a Ambrosio . . .

—Cállate, tía María—interrumpió Ambrosio.—Estás gri-
10 tando mucho. Acuérdate además que tú también detestabas a la vieja y muchas veces dijiste que era una avara y que . . .

—Siento interrumpir esta amorosa escena familiar—dijo don Teódulo—pero creo o considero oportuno pasar a otras cuestiones. Primero es preciso o necesario saber qué hacía cada
15 uno de ustedes desde el punto o momento en que supieron que la señora había salido con bien de la operación, hasta que los vi a todos juntos o reunidos en el salón de visitas; y, empezando o principiando por las damas, diga usted, doña María.

—¡Estaba haciendo lo que a usted no le importa!
20 —Señorita ¡por favor!—exclamó el capitán.—Haga el favor de contestar. Aquí se ha cometido un asesinato . . .

—Cuando trajeron a mi adorada hermana de la sala de operaciones, quise quedarme con ella, pero la Madre Fermina se opuso y me obligó a esperar en la sala de visitas, cosa que me
25 extrañó mucho de la Madre.

—La enferma así lo había ordenado—dijo la Madre.

—Comprendo, Madre. Usted, don Casimiro ¿qué hizo?

—Estuve un momento en la sala de visitas con mi hermana y luego salí a pasear un rato.

30 —¿Y usted, don Juan?

—Anduve con Clara paseando por el jardín y fumando.°

—Es cierto—dijo Clara—estuve con él. Teníamos mucho

avara, *miser*   desheredar, *to disinherit*   fumando, *smoking*

que hablar y convidamos a Ambrosio, pero prefirió buscar un sillón° cómodo y dormirse.

—¿Tenían algo especial de que hablar o discutir?—preguntó don Teódulo.

—Nada en especial—respondió Juan.   5

—Les dije esta mañana—interrumpió don Casimiro—que Leocadia pensaba desheredarlos, cambiando su testamento. Probablemente salieron a discutir eso y aprovecharon la oportunidad para asesinar a la pobre enferma.

—Es cierto que el tío Casimiro nos dijo eso—asintió Clara 10 —pero nunca nos pasó por la cabeza asesinar a la tía. Es cierto que no nos quería, pero mucho menos quería a estos dos hermanos, que siempre le recordaban a los buitres,° según me dijo un día . . .

—¡Clara!—rugió María.—¡Te prohibo que hables así!   15

—¡Por favor, señorita!—interrumpió don Teódulo.—Dice o afirma usted, señor don Casimiro, que la señora doña Leocadia antes de su muerte o fallecimiento le dijo que pensaba cambiar su testamento, para desheredar o dejar sin nada a estos jóvenes.   20

—Exactamente—asintió don Casimiro.

—Pues permítame decirle que miente o falta a la verdad. No, haga el favor de no interrumpirme. Lo que usted ha afirmado es un verdadero absurdo o tontería, ya que si la señora pensaba alterar su testamento o última voluntad, lo hubiera 25 hecho antes de sujetarse a una operación que ponía en peligro su vida. Ahora bien, les ruego que me oigan o escuchen en silencio. La señora murió a consecuencia de una inyección intravenosa de aire que le fué puesta por alguno de ustedes. Ya sé que sólo uno penetró o entró al cuarto de la enferma; que 30 para entrar sin causar sospechas, ese uno robó la bata y mascarilla de Pedrito; que llevaba la jeringa° en el bolsillo, ya que

sillón cómodo, *comfortable armchair*   buitres, *vultures*   jeringa, *syringe* en el cuarto o alcoba de la enferma no había ninguna; que puso la inyección de aire en la vena, provocando el embolio inmediato; que se guardó la jeringa en el bolsillo, pero los nervios le impidieron meter la aguja en su cajita donde no 5 le picara, así que prefirió arrojarla por la ventana; que ese individuo o persona salió del cuarto, tiró la bata en el pasillo, donde no lo veía la hermana Lupe que estaba de guardia, pero no tiró la mascarilla. El haberse[5] llevado la mascarilla puede tener sólo una razón o motivo: que en la mascarilla había una 10 huella que indicaba qué persona la había usado. Sólo dos personas pudieron dejar una huella, manchando o ensuciando la mascarilla: Clarita, que se pinta la boca, o don Casimiro, que se pinta o tiñe los bigotes . . .

—¡Esto es absurdo!—gritó don Casimiro.

15 —Habiendo reducido nuestros sospechosos o posibles culpables° a dos—siguió don Teódulo, sin hacer caso de los dos viejos—necesitamos hacer sólo una pequeña disertación. La hermana Lupe nos ha dicho que ella vio entrar a un practicante varón. ¿Cómo se reconoce, con un examen superficial, 20 a los miembros del género masculino? Por los pantalones que usan. Luego el asesino u[2] homicida llevaba pantalones. La señorita Clara pudo llevarlos o ponérselos, pero tenían que ser de su hermano Juan, que en ese caso sería su cómplice.° Don Casimiro no tenía que hacer cambio ninguno. A la señorita 25 Clara, por otro lado, le habría estado muy grande la bata y a don Casimiro le habría estado más o menos bien o a la medida. Pero sobre todas estas pruebas contra don Casimiro, hay una de mayor fuerza. He dicho que el asesino escondió la mascarilla porque había dejado en ella una mancha, o de la 30 pintura o grasa que usan las señoras en los labios, o del betún° o tinte que usa don Casimiro en el bigote. Ahora bien, el asesino debe haber pensado que iba a dejar este rastro o huella. Si hubiera sido una mujer, se habría limpiado o despintado

culpables, *culprits*   cómplice, *accomplice*   betún, *dye* la boca; pero don Casimiro no podía hacer eso, ya que le sería difícil volverse a pintar o teñir los bigotes aquí. Por todo ello, acuso a don Casimiro del asesinato de su hermana y ruego al capitán que lo registre° y encontrará en uno de sus bolsillos una jeringa hipodérmica nueva, con huellas de sangre, pero sin rastro de sustancia alguna, y la mascarilla sucia o manchada de betún de los bigotes o mostachos.

Don Casimiro calló mientras el capitán le registraba los bolsillos. En uno encontró lo que don Teódulo había dicho y lo puso sobre la mesa. Cuando don Casimiro hubo salido del cuarto entre dos policías, don Teódulo se acercó a la Madre Fermina.

—Ahora, Madre, ya me puedo despedir de usted. Le ruego que reciba este rosario y rece u ore por mí. Buenas tardes, señores.

—Un momento—dijo el capitán deteniendo a don Teódulo.—Hay en este asunto muchos detalles que no entiendo y le ruego que me los explique. Por ejemplo ¿cómo supo usted que se trataba de un asesinato y no de una muerte natural?

—Nada más fácil o sencillo. Primero cayó en mis manos esa aguja. Luego supe que Pedrito había perdido su bata y la había vuelto a encontrar, pero sin la mascarilla que estaba perdida. Tras esto llegó la nueva o noticia de la muerte de la señora y el médico o doctor dijo que le parecía rara, ya que la señora o difunta dama estaba perfectamente cuando salió de la sala de operaciones. Todas estas cosas me hicieron meditar tanto, que llevé la aguja al laboratorio, donde me dijeron que nada se había inyectado con ella. Entonces imaginé cómo pudo haberse asesinado a la señora. No había más que un medio o sistema: una inyección de aire que provocara el embolio que a su vez causaría la muerte, con la apariencia de una muerte o fallecimiento completamente natural. Para salir de dudas, pregunté si el cadáver presentaba huellas o rastros de

registre, *search*

haber recibido, cuando aún en vida, una inyección intrave- nosa. La hermana Lupe me dijo o afirmó que había tal huella y, además, que la inyección que la había causado o provocado había sido mal aplicada. Esto confirmaba mis sospechas, y más 5 cuando vi que ningún practicante había entrado al cuarto o alcoba de la enferma, después de la operación. Sin duda yo había acertado o estaba en lo cierto. Doña Leocadia había muerto asesinada. La mascarilla desaparecida me dio la clave° de quién pudo ser el asesino u homicida.

10   —Gracias, don Teódulo, ya comprendo—dijo el capitán.

Tres novelas policiacas 1946

clave, *clue*

RAFAEL ESTRADA[1]

COSTARRICENSE 1901-1934

SOLDADOS MEXICANOS

Cuando en la aurora congelada
se detuvo el tren,
y en la llanura solitaria
los soldados hacían su poco de café,

quedé admirado de cómo
la más grata dulzura
reflejaba mejor en los rostros
la indómita bravura.

No miente Don Diego[2] en sus muros
cuando pinta a estos hombres feroces
con semblantes humildes y obscuros
y serenas miradas de dioses.

ERMILO ABREU GÓMEZ
MEXICANO 1894 –

ERMILO ABREU GÓMEZ has devoted his life to literature, teaching it, writing about it, creating it. He is Professor of Literature and Philosophy in the University of Mexico, editor of the literary review, *Letras de México,* and an outstanding authority on the work of Mexico's two great colonial writers, Sor Juana Inés de la Cruz and Juan Ruiz de Alarcón. In *Héroes mayas* he has written with affection and respect of the ancient Indian heroes of his native Yucatan, and in *Salón de retratos* he has collected a brilliant series of pen-portraits of contemporary writers and artists in Mexico. From his *Cuentos de Juan Pirulero* comes *El ratoncito,* which is not an original story, but a delightful retelling of an old folk tale.

El ratoncito°

—Esto que le voy a contar a usted, niña Charo, no crea usted que es invención mía. Esto que le voy a contar me lo contó anoche el niño Ermilo. Y el niño Ermilo dice que así sucedió y que así debe creerse que así sucedió. Y así lo creo.

—Será alguna locura.   5

—No, niña—añadió Ramiro—. Se trata de la historia del casamiento° de un ratoncito.

—Bueno, cuéntame esa historia.

—Pues mire usted. Sucedió que doña Rata y don Ratón tuvieron una ratita. La ratita creció y en todos los rincones se   10 supo que era la ratita más linda del mundo. Tan linda parecía que doña Rata pensó en buscarle marido. Don Ratón sólo ayudaba, dando cabezadas° y meneando la cola. La que pensaba

ratoncito, *little mouse*   casamiento, *marriage*   cabezadas, *nods*

y disponía era doña Rata. Pensaron en todos los novios posibles y dignos de la ratita. Todos tenían defectos. A éste le faltaba cola; al otro bigotes; al otro algún diente. Ninguno servía para el altísimo oficio de marido. Después de mucho
5 pensar, doña Rata y don Ratón se fijaron en el sol. Esperaron que amaneciera.° Y en cuanto apareció su cara grande y redonda por encima del tejado° le saludaron y le hablaron así: "Señor Sol, te esperábamos. Has de saber que tenemos una hija lindísima. Es la ratita más linda que ha nacido. Y tú que
10 eres lo más grande, la mereces. Queremos que tú te cases con ella." Entonces el sol dijo: "Yo no soy lo más grande. Lo más grande es la nube que me cubre."

Oyeron esto doña Rata y don Ratón y se fueron en busca de la nube. La encontraron llorando; creyeron que era porque se
15 encontraba sola y le dijeron las mismas palabras que habían dicho al sol. La nube contestó: "Yo no soy lo más grande. Lo más grande es el viento que me empuja." Doña Rata y don Ratón asombrados fueron en busca del viento. Lo encontraron en el camino. Aunque no pudieron hacer que se detuviera un
20 momento, le hablaron así, casi al oído: "Señor viento." El viento contestó: "Lo sé todo. Pero yo no soy lo más grande. Lo más grande es el muro° que me detiene." Doña Rata y don Ratón miraron hacia adelante. Allí había un muro. Corrieron hacia él y le hablaron. El muro estaba negro y verdoso° por el
25 tiempo. Doña Rata y don Ratón le hablaron con verdadera fuerza varias veces. El muro por viejo estaba ya un poco sordo. De ahí[1] viene aquello de las tapias que no oyen. Al fin oyó y dijo: "Yo no soy lo más grande. Lo más grande es el ratón que me horada."°
30 Doña Rata y don Ratón se miraron. Alzaron sus colitas;

amaneciera, *it dawned*
tejado, *roof*
muro, *wall*

verdoso, *moss-covered*
me horada, *digs holes in me*

agacharon° un poco, no mucho, sus orejitas; fruncieron° el hocico y se deslizaron° por la orilla del camino para no ser vistos.

Doña Rata y don Ratón casaron a su ratita con un ratoncito. El día de la boda, doña Rata y don Ratón estaban convencidos 5 de que el ratoncito, su yerno,° era el ser más grande del mundo. Y así lo creyeron siempre y fueron muy felices.

—Calla, cállate—gritó doña Charo mientras subía, con la falda levantada, sobre la mesa.

Por allí corría, tímido e inquieto, un ratoncito. 10

Cuentos de Juan Pirulero 1939

agacharon, *they pulled in*
fruncieron, *they wrinkled*

se deslizaron, *slipped away*
yerno, *son-in-law*

ARTURO USLAR PIETRI
VENEZOLANO 1906 –

DR. USLAR PIETRI, one of the most brilliant intellectuals of
Venezuela, was Professor of Political Economy in the Central
University at the age of thirty-one, Minister of National Education at thirty-three. He is unequaled among *cuentistas* for his
simple, vigorous style and his shrewd grasp of the psychology of
his characters.

La voz

—Sin embargo, yo he matado un hombre . . .

Cuando lo dijo Fray° Dagoberto, temblándole la espesa barba negra, no pude menos de arrojar los naipes° sobre la mesa y soltar la risa.

Yo había llegado por la tarde, atravesando la montaña y los 5 pantanos° entre aquella densa niebla° que asfixia. El guía indio me consolaba en el camino: "No se desespere, mi amo, ya en la otra vuelta estará en la casa. Ahorita mismo, mi amo."

Al anochecer llegué a la casa de las Misiones. En el corredor me esperaban los frailes. El Prior me los fue[1] presentando: 10

—Fray Ermelindo.—"Para servir a Dios y a usted."[2]—Fray Froilán . . . Y allá, el último, apartado, silencioso, flaco y

Fray, *Brother*
naipes, *playing cards*

pantanos, *swamps*
niebla que asfixia, *choking fog*

59

seco, con la barba negra:—Fray Dagoberto, nuestro ángel bueno . . .

Este me interesó mucho. Había en él algo que me atraía naturalmente. Me dediqué a buscarle la amistad. En la noche,
5 durante la comida, nos hicimos amigos.

Resolvimos para pasar el rato jugar una partida de naipes.

El juego era un pretexto para conversar. Hablamos de mil cosas banales y profundas, ligeras y pesadas. Le referí la causa de mi viaje: iba a reunirme con un tío mío que explotaba
10 minas de oro en lo más perdido de aquellas selvas, iba tras la aventura y la fortuna. El me aconsejaba con su larga experiencia, me hablaba de las cosas raras que suceden en la montaña, de los peligros, de las precauciones que hay que guardar.

—En la montaña suceden cosas raras, extrañas, hijo mío.
15 Hay una vida distinta, impenetrable. Podrás quedarte en ella para siempre sin saber cómo, ni por qué. Podrías también matar. Matar un hombre en la montaña es una cosa fácil, a veces irremediable.° La montaña siempre es nueva y peligrosa.

—Vaya, Padre, no juegue. Esto de matar hombres ya es
20 asunto de personalidades. Ya ve, yo hasta ahora no he empezado y de usted, no hay³ ni que decirlo . . .

El fraile se quedó largo rato callado, como meditando, recordando.

—Sin embargo, yo he matado un hombre . . .
25   Fue tan inesperado,° tan increíble, que eché a reír:

—Usted . . . Asesino . . . Ja ja ja . . .

Hubo un largo silencio y después, con una voz muy lenta, dijo Fray Dagoberto:

—Sí, yo . . . asesino. Verás, hijo. Fue hace tiempo. Esta
30 casa era todavía muy joven, y yo también era joven. Los indios de Paragua se habían insurreccionado. Destruyeron los campos, las minas y los crucifijos y mataron a nuestro hermano

irremediable, *unavoidable*   inesperado, *unexpected*

Eleuterio. Malas cosas hacen los hombres cuando se enfadan. Entonces nuestro Padre Prior me mandó ir a volverlos a la paz y a la religión. Me dieron por guía al indio José, uno de los más famosos de toda esta región. Para José la montaña era como la casa. Salimos antes del amanecer, con el farol,° una 5 pistola para defendernos de los animales y llevando mucha comida. Rápidamente entramos en la montaña. La montaña al amanecer, hijo, es imponente,° hay un gran silencio, pesado, terrible, donde el ruido más pequeño va[1] haciéndose enorme, monstruoso, como un grito en medio de una catedral desierta. 10 La montaña está llena de cosas extraordinarias. El indio marchaba delante de mí con un paso ágil y firme. El sol salía y todo se hacía claro, con esa débil claridad de las selvas.

"Padre, sería bueno de comer, tú cansado y con hambre," me dijo el indio al mediodía. Comimos bajo un árbol, luego hun- 15 diendo la cabeza en una fuente clara, bebimos el agua. Después, le dije: "Oye, José ¿falta mucho?" "Ahorita mismo, mi Padre, andando más allá de aquella lomita,° ya estamos."

La lomita era una elevación de árboles que cerraba el horizonte; calculé cinco horas más de marcha, todo por el amor 20 de Dios . . . Anduvimos . . . anduvimos sobrehumanamente, como bestias de carga. Tenía ese cansancio seco y rígido que paraliza. Volví a preguntar: "¿Falta mucho, José?" "Ay, mi amito, el camino está raro, hoy se ha puesto más largo." Ya el cielo estaba de todos los colores, y, a lo más, media hora 25 después caería la tarde. Sin embargo seguíamos andando. El aire estaba húmedo como en la orilla de un río y se iba[1] haciendo muy obscura la luz entre los árboles. No tienes idea, hijo, de lo que es un viaje en aquella selva interminable.

De pronto el indio se detuvo, se acercó a mí, y en voz baja me 30 dijo: "Padre, nos hemos perdido, éste no es el camino." Hubo un momento de desesperación, de duda. La noche se acercaba.

farol, *lantern*   imponente, *imposing*   lomita, *tiny hill*

Entonces José dijo: "No se preocupe, mi Padre, no hay peligro, pasaremos aquí la noche y por la mañanita encontraremos el camino bueno."

Resignadamente nos pusimos a recoger leña° y a cortar ra-
5 mas, para encender fuego y hacer un cobertizo para protegernos de la luna y el frío, porque en la montaña la luna es venenosa.°

Sentí un grito y me volví asustado; el grito venía de donde estaba José. Corrí a él con el farol en una mano. Estaba tendido
10 en el suelo, sollozando,° mientras se agarraba° con ambas manos una pierna: "Yo me muero, mi amito, me picó una víbora."

Acerqué la luz y vi en el músculo dos agujeros° pequeñitos que manaban° sangre. "Yo me muero, mi amito," murmuraba el indio. En la selva hacía eco la voz y regresaba resonante,
15 áspera,° fuerte.

En la ansiedad quité el cristal al farol y apliqué la llama sobre la herida: la carne se quemó con olor repugnante.

—"Ayayay, mi amito, me muero" . . .

La piel se había tostado y mostraba hendiduras° hondas.
20 Le apliqué una compresa de hojas frescas, dejé el farol en tierra, y me senté junto a él esperando lo que pudiese suceder.

De la garganta le salía un mugido° ronco como el de un toro, y todo el cuerpo se le agitaba con un escalofrío terrible.

La pierna se le había puesto monstruosa, era como la pata de
25 un elefante. La inflamación corría rápida, tomó° el muslo, llegó al abdomen y a la garganta. Ya no tenía figura humana. Era como una de esas figuras de caucho° que se inflan con aire. Parecía un sapo° gigante. La piel se le había puesto negra y espesa, como de reptil.

leña, *firewood*	áspera, *harsh*
venenosa, *poisonous*	hendiduras, *cracks*
sollozando, *sobbing*	mugido, *bellow*
agarraba, *he clasped*	tomó el muslo, *mounted to his thigh*
agujeros, *holes*	caucho, *rubber*
manaban, *were oozing*	sapo, *toad*

La voz era suave y suplicante: "Ayayay, mi amito, estoy sufriendo mucho." Sus palabras eran débiles, casi femininas.

Estaba informe,° la inflamación tocaba en su máximum. Estaba repugnante aquella carne que se expandía, que se dilataba: elástica, blanda. De un momento a otro reventaría° 5 como una granada.°

Yo sentía una confusión, una locura. Le veía volar en mil pedazos, en mil pedazos que llegarían hasta el cielo, en mil pedazos que apagarían las estrellas.

Ahora la voz era dulce, muy dulce: "Mi amito, ayayay, por 10 Dios, mátame, mi amito, que⁴ estoy sufriendo mucho ¿verdad que lo harás por mí? Mátame, mi amito." Del fondo de la montaña la voz regresaba convertida en grito tremendo. "Mátame, mi amito. . . ."

La noche se había llenado del grito; yo me sentía loco. Ah, 15 qué horror . . .

Desesperado, me alejé un poco. Pero la voz venía aullando° entre los árboles enorme, insistente, terrible: "¡Mi amito!"

Me estaba atrayendo el grito como atraen al pájaro los ojos del jaguar; me empujaba hacia él.   20

"Mátame por el amor de Dios." Allí estaba otra vez, delante de mí, muriendo, suplicante.

¡El Señor lo sabe . . . ! No fui yo. Fue algo sobrehumanamente fuerte lo que armó la pistola en mi mano . . .

"¿Verdad que lo harás por mí?" la montaña toda rugía llena 25 del grito.

El grito se apagó de golpe . . . Ya no se oía la voz . . .

Venía galopando por la selva un gran trueno° denso, aullante, espantoso . . .

Ya no se oiría más la voz . . .   30

Barrabás y otros relatos 1928

informe, *shapeless*	granada, *shell*	trueno, *thunderbolt*
reventaría, *it would burst*	aullando, *howling*	

BENITO LYNCH

ARGENTINO   1880 – 1951

LYNCH was, perhaps, the best and most popular interpreter of the Argentine countryside and of the rapidly disappearing gaucho class. He described, in unheroic style, the tragedy and comedy of humble people. *El potrillo roano* has been ranked with the finest *cuentos* in the Spanish language because of its realism, warmth of feeling, and technical skill.

El potrillo roano°

I

Cansado de jugar a "El Tigre," un juego de su exclusiva invención, y que consiste en perseguir por las copas de los árboles a su hermano Leo, que se defiende bravamente, usando los higos° verdes como proyectiles, Mario se ha salido a la entrada del corral de la quinta.° Allí, bajo el sol de mediodía, mira la calle, esperando pacientemente que Leo, subido aún en la ⁵ rama más alta de un árbol, y deseoso de continuar la lucha, se canse a su vez de gritarle insultos, cuando un espectáculo inesperado le llena de agradable sorpresa.

Volviendo la esquina de la quinta, un hombre, montado en una yegua° a la que sigue un potrillito, se acerca despacio ¹⁰ por la calle.

potrillo roano, *little sorrel colt*
higos, *figs*
quinta, *country house*
yegua, *mare*

—¡Oya°! . . .

Y Mario, con los ojos muy abiertos y la cara muy encendida, se pone al borde de la senda para contemplar mejor el desfile.°

¡Un potrillo! . . . Para Mario, entonces, un potrillo, llegar
5 a tener un potrillo suyo, es decir, un caballo proporcionado a su tamaño,° es su pasión, su eterno sueño . . . Pero, desgraciadamente—y bien lo sabe por experiencia—sus padres no quieren animales en la quinta, porque se comen las plantas y destruyen los troncos de los árboles.

10 Allá en la estancia, todo lo que quieran, pero allí en la quinta ¡nada de animales!

Por eso, Mario va a resignarse, como otras veces, a contemplar el paso de la pequeña maravilla, cuando se produce un hecho extraordinario.

15 En el instante mismo en que pasa delante del chico, sin dejar de trotar y casi sin volver el rostro, aquel hombre que monta la yegua, y que es un mozo de cara triste y boina° colorada, suelta a Mario esta proposición estupenda:

—¡Che,° chiquito! ¡Si quieres este potrillo, te lo doy! ¡Lo
20 llevo al campo para matarlo!

Mario siente, al oírle, que el suelo tiembla bajo sus pies, que sus ojos se nublan,° que toda la sangre le sube a la cabeza, pero, ¡ay! conoce tan a fondo las leyes de la casa, que no vacila° ni un segundo y, rojo como un tomate, dice avergonzado:

25 —¡No! . . . ¡gracias! . . . ¡no! . . .

El mozo se alza ligeramente de hombros y, sin otra palabra, sigue adelante, bajo el sol que llena la calle, y llevándose tras su yegua a aquel prodigio de potrillo roano, que trota tan airosamente° y que con su colita rubia trata de espantarse las
30 moscas como si fuera un caballo grande.

—¡Mamá!

oya, *hey*	boina colorada, *red beret*	vacila, *hesitates*
desfile, *parade*	che, *hey*	airosamente, *gracefully*
tamaño, *size*	se nublan, *become cloudy*	

Y con la rapidez de un potro, y sin tiempo para decir nada a
su hermano que, siempre en lo alto de su árbol, aprovecha su
veloz° pasaje para arrojarle unos higos, Mario corre a la casa.

—¡Ay, mamá! ¡Ay, mamá!

La madre, que cose° en su sillón, se alza asustada: 5

—¡Virgen del Carmen! ¿Qué, mi hijo, qué te pasa?

—¡Nada, mamá, nada . . . que[1] un hombre!

—¿Qué, mi hijo, qué?

—¡Que[1] un hombre que llevaba un potrillito precioso me
lo ha querido dar!   10

—¡Vaya, qué susto me has dado!—sonríe la madre entonces;
pero él, excitado, continúa sin oírla:

—¡Un potrillo precioso, mamá, un potrillito roano, así,
chiquito . . . y el hombre lo iba a matar, mamá!

Y aquí ocurre otra cosa estupenda, porque, contra toda es-   15
peranza y contra toda lógica, Mario oye a la madre que le dice
con tono de sincera pena:

—¿Sí? ¡Caramba! ¿Por qué no lo aceptaste? ¡Tonto! ¡Mira,
ahora que nos vamos a la estancia!

Ante aquel comentario tan desacostumbrado, tan injustifi-   20
cado y tan sorprendente, el niño abre una boca° de a palmo,
pero está "tan loco de potrillo" que no se detiene a preguntar
nada y con un "¡Yo lo llamo, entonces!" vibrante y agudo como
un relincho,° echa a correr hacia la puerta.

—¡Cuidado, hijito!—grita la madre.   25

¡Qué[2] cuidado! . . . Mario corre tan veloz que su hermano,
viéndole pasar, no puede arrojarle ni un higo.

Al salir a la calle, el resplandor del sol le deslumbra.° ¡Ni
potrillo, ni yegua, ni hombre alguno por ninguna parte! . . .
Mas bien pronto sus ojos ansiosos descubren allá, a lo lejos, la 30
boina colorada, alejándose entre una nube de polvo.

veloz, *swift*	relincho, *whinny*
cose, *sews*	deslumbra, *dazzles*
una boca de a palmo, *his mouth a foot wide*	

Y en vano las piedras le hacen tropezar y caer varias veces,
en vano la emoción trata de estrangularle, en vano le salen al
encuentro los perros odiosos de la lavandera°; nada, ni nadie,
puede detener a Mario en su carrera.

5 Antes de dos cuadras,° ya llega su voz a los oídos del mozo,
que va trotando tristemente sobre una humilde yegua.

—¡Pst! ¡pst! . . . ¡Hombre! ¡Hombre!

El mozo, al oírle, detiene su yegua y aguarda a Mario:

—¿Qué quieres, che?

10 —¡El potrillo! ¡Quiero el potrillo!—exclama Mario entonces, sofocado,° tendiendo al mismo tiempo sus dos brazos
hacia el animal, como si pensara recibirlo en ellos, como un
paquete° de almacén.

—Bueno—dice el hombre—cógelo, entonces—y añade en
15 seguida mirándole las manos:—¿Trajiste algo con que atarlo?

Mario vuelve a ponerse rojo.

—No . . . yo no . . .

Y mira en torno suyo, como si esperase que pudiera haber,
por allí, cabestros° escondidos entre la hierba.

II

20 ¡Tan sólo Mario sabe lo que significa, para él, ese potrillo
roano, que destruye las plantas, que muerde, que cocea,° que
se niega a caminar cuando no quiere; que cierta vez le arrancó
de un mordisco un mechón° de pelo, creyendo sin duda que
era hierba; pero que come azúcar en su mano y relincha en
25 cuanto le descubre a la distancia! . . .

Es su amor, su preocupación, su Norte, su luz espiritual . . .
Tanto es así, que sus padres se han acostumbrado a usar de
aquel potrillo como de un instrumento para dominar al chico:

lavandera, *laundress* cabestros, *halters*
cuadras, *blocks* cocea, *kicks*
sofocado, *out of breath* mechón, *tuft*
paquete de almacén, *store package*

—Si no estudias, no saldrás esta tarde en el potrillo. Si eres malo, te quitaremos el potrillo. Si haces esto o dejas de hacer aquello . . .

¡Siempre el potrillo alzándose contra las rebeliones de Mario! ¡Pero qué encanto es aquel potrillo roano, tan manso° y 5 tan cariñoso!

El domador° de la estancia le ha hecho un cabestrito que es una maravilla, y poco a poco los demás peones, por cariño a Mario o por imitación del otro, han ido haciendo todas las demás cosas, hasta completar un aperito° que provoca la ad- 10 miración de todo el mundo.

Para Mario, es el mejor de todos los potrillos y será el más hermoso caballo de carrera del mundo; y tan firme es su convicción a este respecto, que las burlas de su hermano Leo, que insiste en llamar al potrillo roano "burrito" y otros insultos, 15 le parecen verdaderas blasfemias.

En cambio, cuando el capataz° de la estancia dice, después de mirar al potrillo:

—Para mi gusto, éste va a ser un animal de mucha presencia —a Mario le resulta el capataz el hombre más simpático y el 20 más inteligente.

III

El padre de Mario quiere hacer un jardín en el patio, pero resulta que el "potrillo odioso"—que así le llaman ahora algunos, entre ellos la mamá del niño, tal vez porque le pisó unos pollitos recién nacidos—parece empeñado en oponerse 25 al propósito, a juzgar por la decisión con que ataca las pequeñas plantas cada vez que se queda suelto. Su padre le ha mandado a Mario que lo ate por las noches; pero resulta también que Mario se olvida, que se ha olvidado ya tantas veces que al fin, una mañana, su padre, exasperado, le dice, levan- 30

manso, *tame*   aperito, *little outfit*
domador, *horse breaker*   capataz, *overseer*

tando mucho el dedo y marcando con él el compás° de sus palabras:

—El primer día que el potrillo vuelva a destruir alguna planta, ese mismo día se lo echo al campo . . .

5 ¡Ah, ah! "¡Al campo!" "Echar al campo." ¿Sabe el padre de Mario acaso lo que significa, para el niño, eso de "echar al campo"?

Sería necesario tener ocho años como él, pensar como él piensa y querer como él quiere a su potrillo roano, para apre-
10 ciar toda la enormidad de la amenaza . . .

No es de extrañar, pues, que no haya vuelto a descuidarse y que toda una larga semana haya pasado sin que el potrillo roano cometa la más leve ofensa contra la más insignificante florecilla.

IV

15 Empieza una brillante mañana de febrero,[3] y Mario, acostado de través sobre la cama y con los pies sobre el muro, está confiando a su hermano Leo algunos de sus proyectos sobre el porvenir brillante del potrillo roano, cuando su mamá se presenta inesperadamente en la alcoba:

20 —¡Ahí tienes°!—dice muy agitada—. ¡Ahí tienes! ¿Has visto tu potrillo?

Mario se pone rojo y después pálido.

—¿Qué? ¿El qué, mamá?

—¡Que[1] anda otra vez tu potrillo suelto en el patio y ha
25 destruído una porción° de cosas!

A Mario le parece que el universo se le cae encima.

—Pero . . . ¿cómo?—logra decir—. Pero ¿cómo?

—¡Ah, no sé . . . no sé cómo—replica entonces la madre— pero no dirás que no te lo había prevenido! Ahora tu pa-
30 dre . . .

—¡Pero si yo lo até! ¡Pero si yo lo até!

compás, *rhythm*　　　ahí tienes, *now you've done it*　　　porción, *heap*

Y mientras con manos trémulas se viste, Mario ve todas
las cosas turbias,° como si aquella alcoba estuviese llena de
humo.

V

Un verdadero desastre. Jamás el potrillo se atrevió a tanto.

—¡Qué has hecho! ¡Qué has hecho, Nene°!   5

Y, como en un sueño, y casi sin saber lo que hace, Mario,
arrodillado sobre la húmeda tierra, se pone a replantar febril-
mente° las flores, mientras el Nene, el miserable, se queda
allí inmóvil, con la cabeza baja, mostrando una cínica indiferencia.   10

VI

Como un sonámbulo,° Mario camina con el potrillo del
cabestro por medio de la ancha avenida que termina allá, en
la tranquera° de palos blancos que se abre sobre la inmensidad desolada del campo bruto.

¡Cómo golpea la sangre en la cabeza del niño, cómo ve las 15
cosas a través de una niebla y cómo resuena° aún en sus oídos
la tremenda amenaza de su padre!

—¡Coge ese potrillo y échalo al campo!

Mario no llora, porque no puede llorar; pero camina como
un sonámbulo, camina de un modo tan raro, que sólo la madre 20
advierte desde el patio.

Y es que para Mario, del otro lado de los palos de aquella
tranquera está la conclusión de todo, del potrillo roano, de
él y de la existencia entera.

Cuando Mario llega a la mitad de su camino, la madre no 25
puede más y gime,° apretando nerviosamente el brazo del
padre, que está a su lado:

turbias, *confused*   sonámbulo, *sleepwalker*   resuena, *echoes*
nene, *baby*   tranquera, *fence*   gime, *moans*
febrilmente, *feverishly*

—Bueno, Juan . . . ¡Bueno! . . .

—¡Vaya! ¡Llámelo!

Pero, en el momento en que Leo sale velozmente, la madre lanza un grito agudo y el padre echa a correr desesperado.

5 Allá, junto a la tranquera, Mario acaba de caer sobre la hierba, como un blanco pájaro alcanzado por una bala.°

VII

Algunos días después, y cuando Mario puede sentarse por fin en la cama, sus padres, riendo, pero con los ojos rojos y las caras pálidas por las largas vigilias, hacen entrar en la alcoba 10 al potrillo roano, tirándolo del cabestro y empujándolo por el anca.°

De los campos porteños 1931

bala, *bullet*   anca, *haunches*

YOLANDA BEDREGAL[1]
BOLIVIANA   1916 –
HE BEBIDO

He bebido
paisajes y paisajes:
Pampa,
cielo,
mar.

Ahora quiero las islas
de tus ojos chiquitos
para anclar.

ALFONSINA STORNI [1]
ARGENTINA   1892–1938
LA PIEDAD DEL CIPRÉS

Viajero: este ciprés que se levanta
a un metro de tus pies y en cuya copa
un pajarillo sus amores canta
tiene alma fina bajo dura ropa.

El se eleva tan alto desde el suelo
por darte una visión inmaculada,
pues si busca su extremo tu mirada
te tropiezas, humano, con el cielo.

RICARDO JAIMES FREYRE
BOLIVIANO 1872 – 1933

JAIMES FREYRE was one of the most eminent Bolivians of the early twentieth century. He was a member of Congress, Chancellor of Bolivia, Ambassador to Brazil and to the United States. He was an historian, a celebrated *modernista* poet, close friend and collaborator of Rubén Darío, and a pioneer in the use of free verse. His prose has the terseness, the forceful expression, and the social vision of much of his poetry.

En las montañas

Los dos viajeros bebían el último trago° de vino, de pie
al lado del fuego. El viento frío de la mañana hacía temblar
ligeramente las alas de sus anchos sombreros. El fuego pali-
decía° ya bajo la luz indecisa y blanca de la aurora, y se veían
vagamente los extremos del ancho patio.   5

Atados a las columnas del patio, dos caballos esperaban, con
la cabeza baja, comiendo la hierba. Al lado del muro, un indio
joven, con una bolsa llena de maíz en una mano, estaba comiendo los granos amarillos.

Cuando los viajeros se disponían a partir, otros dos indios 10
penetraron en el vasto patio. Su aspecto era humilde y miserable, y más miserables y humildes aún las chaquetas° desgarradas, las camisas abiertas sobre el pecho, y las sandalias rotas.

Se acercaron lentamente a los viajeros que saltaban ya sobre
sus caballos, mientras el guía indio ataba a su cintura° la bolsa 15

trago, *swallow*   chaquetas desgarradas, *torn jackets*
palidecía, *was growing dim*   cintura, *belt*

de maíz y anudaba° fuertemente en torno de sus piernas los lazos de sus sandalias.

Los viajeros eran jóvenes aún; alto el uno, muy blanco, de mirada fría y dura; el otro, pequeño, moreno, de aspecto alegre.

6   —Señor . . .—murmuró uno de los indios. El viajero blanco se volvió a él.

—Hola ¿qué hay, Tomás?

—Señor . . . déjame mi caballo . . .

—¡Otra vez, imbécil! ¿Quieres que viaje a pie? Te he dado 10 en cambio el mío, ya es bastante.

—Pero tu caballo está muerto.

—Sin duda, está muerto; pero es porque lo he hecho correr quince horas seguidas. ¡Ha sido un gran caballo! El tuyo no vale nada. ¿Crees tú que soportará° muchas horas?

15   —Yo vendí mis llamas para comprar ese caballo para la fiesta de San Juan . . . Además, señor, tú has quemado mi choza.°

—Cierto, porque viniste a molestarme con tus quejas. Yo te arrojé un tizón° a la cabeza para que te marcharas, y tú desviaste° la cabeza y el tizón fué a caer en tu choza. No tengo 20 la culpa. Debiste recibir con respeto mi tizón. ¿Y tú, qué quieres, Pedro?—preguntó, dirigiéndose al otro indio.

—Vengo a suplicarte, señor, que no me quites mis tierras. Son mías. Yo las he sembrado.

—Este es asunto tuyo, Córdova—dijo el caballero, dirigién-25 dose a su compañero.

—No, por cierto, éste no es asunto mío. Yo he hecho lo que me mandaron. Tú, Pedro Quispe, no eres dueño de esas tierras. ¿Dónde están tus títulos? Es decir ¿dónde están tus papeles?

—Yo no tengo papeles, señor. Mi padre tampoco tenía pa-30 peles, y el padre de mi padre no los conocía. Y nadie ha querido quitarnos las tierras. Tú quieres darlas a otro. Yo no te he hecho ningún mal.

anudaba, *was knotting*	choza, *hut*	desviaste, *ducked*
soportará, *it will last*	tizón, *firebrand*	

—¿Tienes en alguna parte una bolsa llena de monedas? Dame la bolsa y te dejo las tierras.

Pedro miró a Córdova con angustia.

—Yo no tengo monedas, ni podría juntar tanto dinero.

—Entonces, no hay nada más que decir. Déjame en paz. 5

—Págame, pues, lo que me debes.

—¡Pero no vamos a terminar nunca! ¿Me crees bastante idiota para pagarte una oveja° y algunas gallinas que me has dado? ¿Imaginaste que íbamos a morir de hambre?

El viajero blanco, que empezaba a impacientarse, exclamó: 10

—Si seguimos escuchando a estos dos imbéciles, nos quedamos aquí eternamente . . .

La cumbre de la montaña comenzaba a brillar con los primeros rayos del sol, y el paisaje desierto, limitado por las sierras negras, se veía bajo el azul del cielo. 15

Córdova hizo una señal al guía, que se dirigió hacia la puerta. Detrás de él salieron los dos caballeros.

Pedro Quispe corrió hacia ellos y asió las riendas° de uno de los caballos. Un latigazo° en el rostro lo hizo retroceder.° Entonces los dos indios salieron del patio, corriendo veloz- 20 mente hacia una colina° próxima, treparon° por ella con la rapidez y la seguridad de las vicuñas, y al llegar a la cumbre Pedro Quispe acercó a sus labios el cuerno° que llevaba y arrancó de él un son° grave y prolongado. Se detuvo un momento y continuó después con notas agudas y rápidas. 25

Los viajeros comenzaban a subir por el flanco de la montaña; el guía, con paso seguro y firme, marchaba indiferente, devorando sus granos de maíz. Cuando resonó la voz del cuerno, el indio se detuvo, miró espantado a los dos caballeros y se puso a correr por una senda en los cerros. Pocos instantes 30 después, desaparecía a lo lejos.

Córdova, dirigiéndose a su compañero, exclamó:

oveja, *sheep*	latigazo, *lash*
riendas, *reins*	retroceder, *retreat*

colina, *hill*	cuerno, *horn*
treparon, *climbed*	son, *sound*

—Alvarez, esos pícaros nos quitan nuestro guía . . .

Alvarez detuvo su caballo y miró con inquietud en todas direcciones.

—El guía . . . ¿Y para qué lo necesitamos? Temo algo
5 peor.

El cuerno seguía resonando, y en lo alto del cerro se veía la figura de Pedro Quispe.

Un conjuro° parecía pasar por esos cerros: en los campos, entre las malezas,° en las puertas de las chozas y en la cumbre
10 de los montes lejanos, salían y desaparecían rápidamente figuras humanas. Se detenían un instante, dirigían sus miradas hacia la colina en la cual Pedro Quispe arrancaba incesantes notas a su cuerno, y se dirigieron hacia los cerros, trepando con cuidado.

15   Alvarez y Córdova seguían ascendiendo por la montaña; sus caballos treparon por la estrechísima senda, y los dos caballeros, hondamente preocupados, se dejaban llevar en silencio.

De pronto una piedra enorme, bajando de la cumbre de las sierras, pasó cerca de ellos con un largo rugido; después otra
20 . . . otra . . .

Alvarez lanzó su caballo a° escape, obligándolo a flanquear la montaña. Córdova lo imitó inmediatamente; pero las piedras los persiguieron. Parecía que se desmoronaba° toda la sierra.

Los caballos, lanzados como una tempestad, saltaban sobre las
25 rocas y vacilaban en el espacio, a enorme altura.

Muy pronto las montañas se coronaron de indios. Los caballeros se lanzaron entonces hacia la estrecha quebrada° que serpenteaba° a sus pies, por la cual corría dulcemente un hilo de agua, delgado y cristalino.

30   Se llenaron los valles de extrañas armonías; el son áspero y desagradable de los cuernos brotaba de todas partes, y en el

conjuro, *magic spell*	se desmoronaba, *was crumbling*
malezas, *underbrush*	quebrada, *ravine*
a escape, *at full speed*	serpenteaba, *was winding*

extremo de la quebrada apareció de pronto un grupo de hombres.

En ese momento, una piedra enorme chocó contra el caballo de Alvarez; se le vio vacilar un instante y caer luego y rodar por la falda de la montaña. Córdova saltó a tierra y empezó a 5 arrastrarse hacia el caballo y el caballero.

Los indios comenzaban a bajar de las cumbres; uno a uno, avanzando con cuidado, deteniéndose a cada instante, con la mirada observadora en el fondo de la quebrada. Cuando bajaron, vieron a los dos viajeros. Alvarez, tendido en tierra, 10 estaba inmóvil. A su lado, su compañero, de pie, con los brazos cruzados, miraba desesperado el descenso lento y temeroso de los indios.

Arriba esperaban reunidos los viejos y las mujeres el resultado de la caza del hombre. Las indias, con sus cortas faldas 15 redondas, sus mantos sobre el pecho, sus pies desnudos, su aspecto sórdido, se agrupaban en un extremo, silenciosas, sus dedos hilando° sin cesar.

Cuando llegaron los perseguidores, traían atados sobre los caballos a los viajeros. Avanzaron hasta el centro del grupo, 20 y allí los arrojaron en tierra, como dos bultos. Las mujeres se acercaron entonces y los miraron con curiosidad, sin dejar de hilar, hablando en voz baja.

Los indios deliberaron un momento. Después un grupo corrió hacia el pie de la montaña. Regresó llevando dos grandes 25 cántaros° y dos grandes postes. Y mientras unos excavaban la tierra para fijar los postes, los otros llenaban, con el licor de los cántaros, pequeños jarros° de barro.

Y bebieron hasta que empezó el sol a caer sobre el horizonte, y no se oía sino el rumor de las conversaciones de las mujeres 30 y el ruido del líquido que caía dentro de los jarros.

Pedro y Tomás se apoderaron de los cuerpos de los caballeros y los ataron a los postes. Alvarez, que tenía roto el espi-

hilando, *spinning*   cántaros, *jugs*   jarros de barro, *clay tumblers*

nazo,° lanzó un largo gemido. Los dos indios les quitaron la
ropa. Después empezó el tormento.

*   *   *

Moría la tarde. Los dos viajeros habían entregado, mucho
tiempo antes, su alma a Dios; y los indios, fatigados ya, indife-
5 rentes, seguían hiriendo los cuerpos.

Luego fue preciso jurar el silencio. Pedro Quispe trazó una
cruz en el suelo y vinieron los hombres y las mujeres y besaron
la cruz. Después quitó de su cuello el rosario, que no aban-
donaba nunca, y los indios juraron sobre el rosario y Pedro
10 Quispe escupió° en la tierra, y los indios pasaron sobre la tierra
húmeda.

Cuando los cuerpos ensangrentados° desaparecieron y se
borraron las últimas huellas de la escena que acababa de pa-
sarse en las asperezas° de la sierra, la inmensa noche caía sobre
15 la soledad de las montañas.

García Calderón, Los mejores cuentos americanos 1910

espinazo, *spine*	ensangrentados, *blood-covered*
escupió, *spat*	asperezas, *wilderness*

CONRADO NALÉ ROXLO[1]
ARGENTINO 1898–
NOCTURNO

El bosque se duerme y sueña;
el río no duerme, canta.
Por entre las sombras verdes
el agua sonora pasa,
dejando en la orilla oscura
manojos de espuma blanca.
Llenos los ojos de estrellas,
en el fondo de una barca,
yo voy como una emoción
por la música del agua,
y llevo el río en los labios
y llevo el bosque en el alma.

RICARDO PALMA
PERUANO 1833 – 1919

PALMA is one of the most illustrious figures in Peruvian literature and one of the great prose writers of the nineteenth century.
The Spanish-American *cuento* really began with his *Tradiciones
peruanas,* published in several series from 1872 to 1910. In these,
Palma created a new literary form: traditional legends and historical anecdotes which bring to life the colorful past of colonial
Peru. Writing with inimitable vividness and ironic charm, he has
achieved a great prose style, superbly rich and flexible.

Contra pereza diligencia[1]

A MI HIJO VITAL

¿Conque tú también quieres que papá te cuente un cuento? Para ti tengo todo un almacén de cuentos. Allá va uno, y que te aproveche como si fuera leche.

Esta era una viejecita que se llamaba doña Quirina, y que cuando yo era niño vivía cerca de mi casa. Habitaba un cuar- 5 tito que, por lo limpio, parecía una tacita de porcelana.

Y en este cuarto lo que sobre todo atraía mis miradas infantiles era una herradura° de hierro. Doña Quirina era supersticiosa. Creía que en casa donde se conserva con veneración una herradura de mulo o de caballo no penetra la pestilencia, 10 ni falta pan, ni entra la desventura.°

herradura, *horsehoe*   desventura, *bad luck*

¿En qué fundaba la viejecita las virtudes que atribuía a la herradura? Yo te lo voy a contar, Vital mío, tal como doña Quirina me lo contó.

*   *   *

Pues has de saber, hijito, que cuando Nuestro Señor Jesu-
5 cristo vivía en este mundo pecador, desenmascarando° a pí-
caros e hipócritas y haciendo milagros y andando en compañía de San Pedro, tropezó en su camino con una herradura vieja, y volviéndose al apóstol, que marchaba detrás de su divino Maestro, le dijo:
10 —Perico, recoge eso y échalo en el morral.°
San Pedro se hizo° el sueco, murmurando: —¡Pues hombre, vaya una idea! ¡Agacharme yo por un pedazo de hierro viejo!
El Señor, que leía en el pensamiento de los humanos como en libro abierto, leyó esto en el espíritu de su apóstol, y en vez
15 de repetir la orden prefirió inclinarse él mismo, recoger la herradura y guardarla en la manga.°
En este momento llegaron los dos viajeros a una aldea, y al pasar por la tienda de un herrador° dijo Cristo:
—Hermano ¿quieres comprarme esta herradura?
20 El herrador la miró, la golpeó, y convencido de que con poco trabajo la herradura quedaría como nueva, contestó:
—Doy por ella dos centavos.
—Venga° el cobre—contestó el Señor.
Pagó el herrador, y los peregrinos continuaron su marcha.
25 Al extremo de la aldea encontraron a un chiquillo con un cesto° en la mano y que gritaba:
—¡Cerezas°! ¡A centavo la docena!
—Dame dos docenas—dijo Cristo. .
Y los dos centavos, precio de la herradura, pasaron a manos

desenmascarando, *unmasking*	manga, *sleeve*	cesto, *basket*
morral, *knapsack*	herrador, *blacksmith*	cerezas, *cherries*
se hizo el sueco, *played deaf*	venga, *let's have*	

del muchacho, y las veinticuatro cerezas se las guardó el Señor en la manga.

Hacía entonces un calor de infierno y San Pedro, que caminaba siempre tras el Maestro, iba echando° los bofes, y habría dado la vida por un poco de agua.

El Señor, de rato en rato, metía la mano en la manga y llevaba a la boca una cereza; y al mismo tiempo dejaba caer otra, que San Pedro se agachaba a recoger, comiéndosela en seguida.

Después de haber comido el apóstol hasta media docena de cerezas, se sonrió el Señor y le dijo:

—Ya lo ves, Pedro: por no haberte agachado una vez, has tenido que hacerlo seis veces. Contra pereza diligencia.

Y desde entonces una herradura en la casa trae felicidad.

iba echando los bofes, *was puffing hard*

JOSÉ A. BALSEIRO[1]
PORTORRIQUEÑO 1900 —
COLOR

¿No dicen todos
que es azul el cielo?
Lo miro en tus ojos
y lo veo negro.

RICARDO PALMA
PERUANO 1833 – 1919

La camisa de Margarita

Las viejas de Lima, cuando quieren protestar el alto precio de un artículo, dicen: "¡Qué! Si esto es más caro que la camisa de Margarita Pareja." Yo tenía curiosidad de saber quién fue esa Margarita cuya camisa era tan famosa, y en un periódico de Madrid encontré un artículo que cuenta la historia que van **5** ustedes a leer.

Margarita Pareja era, en 1765, la hija favorita de don Raimundo Pareja, colector general del Callao. La muchacha era una de esas limeñitas° que por su belleza cautivan al mismo diablo. Tenía un par de ojos negros que eran como dos torpe- **10** dos cargados con dinamita y que hacían explosión en el corazón de todos los jóvenes de Lima.

Llegó por entonces de España un arrogante joven, hijo de

limeñitas, *Lima girls*

Madrid, llamado don Luis Alcázar, que tenía en Lima un tío solterón,° muy rico y todavía más orgulloso.° Por supuesto que, mientras le llegaba la ocasión de heredar al tío, vivía nuestro don Luis tan pobre como una rata.

5   En una procesión conoció Alcázar a la linda Margarita. La muchacha le llenó el ojo y le flechó° el corazón. El le echó° flores, y aunque ella no le contestó ni sí ni no, le dijo con sonrisas y demás armas del arsenal femenino que le gustaba. Y la verdad es que se enamoraron locamente.

10   Como los amantes olvidan que existe la aritmética, creyó don Luis que para casarse con Margarita su presente pobreza no sería obstáculo, y fue al padre y sin vacilar le pidió la mano de su hija. A don Raimundo no le gustó mucho la idea y cortésmente despidió al joven, diciéndole que Margarita era aún 15 muy joven para tener marido, pues a pesar de sus diez y ocho años todavía jugaba a las muñecas.°

Pero no era ésta la verdadera razón, sino que don Raimundo no quería ser suegro° de un pobre, y así lo decía en confianza a sus amigos, uno de los cuales fue con la historia a don Ho-20 norato, que así se llamaba el tío aragonés. Este, que era más orgulloso que el Cid, se llenó de rabia y dijo:

—¡Qué! ¡Desairar° a mi sobrino! A muchas limeñas les encantaría casarse con el muchacho. No hay mejor que él en todo Lima. ¡Qué insolencia! ¿Qué se cree ese maldito° colec-25 torcillo?

Margarita, que era muy nerviosa, gritó y se arrancó el pelo, perdía colores y carnes y hablaba de meterse monja.°

—¡O de Luis[1] o de Dios!—gritaba cada vez que se ponía nerviosa, lo que ocurría a cada hora. El padre se alarmó, llamó 30 varios médicos y todos declararon que la cosa era seria y que

solterón, *old bachelor*	echó flores, *courted*	desairar, *to reject*
orgulloso, *proud*	muñecas, *dolls*	maldito, *cursed*
flechó, *pierced*	suegro, *father-in-law*	monja, *nun*

la única medicina salvadora no se vendía en la botica.° O casarla con el hombre que quería o enterrarla.° Tal fue el ultimátum médico.

Don Raimundo, olvidándose de capa y bastón,° corrió como loco a casa de don Honorato y le dijo:

—Vengo a que consienta usted en que mañana mismo se case su sobrino con Margarita, porque si no, la muchacha se nos va a morir.

—No puede ser—contestó fríamente el tío.—Mi sobrino es muy pobre, y lo que usted debe buscar para su hija es un rico.

El diálogo fue violento. Mientras más rogaba don Raimundo, más orgulloso y rabioso se ponía el aragonés. El padre iba a retirarse sin esperanzas cuando intervino don Luis, diciendo:

—Pero tío, no es justo que matemos a quien no tiene la culpa.

—¿Tú te das por satisfecho?

—De todo corazón, tío.

—Pues bien, muchacho, consiento en darte gusto; pero con una condición y es ésta: don Raimundo tiene que jurarme que no regalará un centavo a su hija ni le dejará un real en la herencia.

Aquí empezó nueva y más agitada discusión.

—Pero hombre—arguyó don Raimundo—mi hija tiene veinte mil duros de dote.°

—Renunciamos a la dote. La niña vendrá a casa de su marido nada más que con la ropa que lleve puesta.

—Concédame usted entonces darle los muebles y el ajuar° de novia.

—Ni un alfiler.° Si no consiente, vamos a dejarlo y que se muera la chica.

botica, *drugstore*   bastón, *cane*   ajuar, *trousseau*
enterrar, *to bury*   dote, *dowry*   alfiler, *pin*

—Sea usted razonable, don Honorato. Mi hija necesita llevar siquiera una camisa para reemplazar la otra.

—Bien; consiento en eso para que no me acuse de obstinado. Consiento en que le regale la camisa de novia, y nada más.

5 Al día siguiente don Raimundo y don Honorato fueron muy temprano a la iglesia de San Francisco para oír misa y, según el pacto, dijo el padre de Margarita:

—Juro no dar a mi hija más que la camisa de novia. Que Dios me condene si falto a mi palabra.

10 Y don Raimundo Pareja cumplió literalmente su juramento, porque ni en vida ni en muerte dio después a su hija un solo centavo. Pero los encajes° que adornaban la camisa de la novia costaron dos mil setecientos duros. Además, el cordoncillo° del cuello era una cadena de brillantes que valía 15 treinta mil duros.

Los recién casados hicieron creer al tío aragonés que la camisa no era cosa de gran valor; porque don Honorato era tan testarudo° que al saber la verdad habría forzado al sobrino a divorciarse.

20 Debemos convenir en que fue muy merecida la fama que tuvo la camisa nupcial de Margarita Pareja.

Tradiciones peruanas 1891

encajes, *lace*   cordoncillo, *cord*   testarudo, *stubborn*

VICENTE GÓMEZ KEMP[1]
CUBANO 1914–
LUNA NEGRA

Sobre la noche sin luna
trepó el eco de la rumba,
y danzaron las estrellas
que esperaban a la luna.
Y toda la noche es negra.
Se desmayan las estrellas
sin ver asomar la luna
y es que la luna perdió
su brillo al trepar la rumba
por los senos de la noche,
y se puso negra, negra,
emborrachada de rumba.

ALBERTO GERCHUNOFF
ARGENTINO 1884 – 1950

GERCHUNOFF was versatile: critic, essayist, novelist, journalist, and also one of the finest *cuentistas* in twentieth-century Argentina. He used Hebrew traditions and the life of Argentina's Jewish colony as background for many of his stories. Sometimes humorous, sometimes tragic, as in *La lechuza,* they reveal the author's dramatic power and his gifts of close observation and insight.

La lechuza°

Jacobo pasó en su caballo ante la casa de Reiner, saludando en español. La vieja contestó en judío,° y la muchacha le preguntó si había visto a Moisés, que partiera[1] a la mañana en busca del tordillo.°

—¿Moisés?—preguntó el muchacho—. ¿Se fue en el caballo 5 blanco?

—En el blanco.

—¿Salió por el camino de Las Moscas?

—No—respondió Perla.—Tomó el camino de San Miguel.

—¿De San Miguel? No lo he visto. 10

La vieja se lamentó, con voz que revelaba su inquietud:

—Ya se hace tarde y mi hijo partió tan sólo con unos mates; no llevó revólver . . .

lechuza, *owl*   judío, *Yiddish*   tordillo, *gray horse*

—No hay cuidado, señora; se pueden recorrer todos los alrededores sin encontrar a nadie.

—Dios te oiga—añadió doña Eva—dicen que cerca de los campos de Ornstein hay bandidos.

5   El diálogo terminó con una palabra tranquilizadora de Jacobo; espoleó° el caballo, obligándolo a un salto, para lucir su habilidad de jinete° en presencia de Perla.

El sol declinaba y la tarde de otoño se adormecía° bajo el cielo rojo. El tono amarillo de las huertas, el verde pálido del 10 potrero° quebrado por el arroyo obscuro daban al paisaje una melancolía dulce, como en los poemas hebraicos en que las pastoras° retornan con el rebaño° sonámbulo bajo el cielo de Canaán.

Se sumergían en obscuridad las casas de la colonia y en los 15 tejidos de alambre brillaban en reflejos vivaces los últimos rayos del sol.

—Es tarde, hija mía, y Moisés no llega . . .

—No hay temor, madre; no es la primera vez. ¿Te acuerdas, el año pasado, en vísperas° de Pascua, cuando fue con el carro 20 al bosque de San Gregorio? Vino con la leña al día siguiente.

—Sí, recuerdo; pero llevaba revólver, y, además, cerca de San Gregorio hay una colonia . . .

Un silencio penoso siguió a la conversación. En los charcos° cantaban las ranas° y de los árboles próximos venían ruidos 25 confusos.

Una lechuza voló sobre el corral, graznó° lúgubremente y se posó en un poste.

—¡Qué feo es aquel pájaro!—dijo la muchacha.

Graznó otra vez la lechuza, y miró a las mujeres, en

espoleó, *he spurred*
jinete, *horseman*
se adormecía, *was drowsing*
potrero, *pasture*
pastoras, *shepherdesses*
rebaño, *flock*

en vísperas de Pascua, *on the eve of Passover*
charcos, *ponds*
ranas, *frogs*
graznó, *hooted*

cuyo espíritu sus ojos hicieron la misma triste impresión.

—Dicen que es de mal agüero.°

—Dicen así, pero no creo. ¿Qué saben los campesinos?

—¿No decimos nosotros, los judíos, que el cuervo anuncia la muerte?   5

—¡Ah, es otra cosa!

La lechuza voló hasta el techo, donde lanzó un graznido y tornó al poste, sin dejar de mirar a las mujeres.

En el extremo del camino lleno de sombra resonaron las pisadas° de un caballo. La chica miró, haciendo visera° de las 10 manos. Desengañó[2] a la madre.

—No es blanco.

De las casas el viento traía el eco de un canto, uno de esos cantos monótonos y tristes que lamentan la pérdida de Jerusalén y exhortan a las hijas de Sion, "magnífica y única," a 15 llorar en la noche para despertar con sus lágrimas la piedad del Señor. Maquinalmente, Perla repitió en voz baja:

Llorad y gemid, hijas de Sion . . .

Después, con voz más fuerte, cantó la copla de los judíos de España,[3] que le enseñara[1] en la escuela el maestro don David 20 Ben-Azán:

Hemos perdido a Sion,
Hemos perdido a Toledo.
No queda consolación . . .

Como la madre continuara inquietándose, la muchacha, 25 para distraerla, continuó la conversación anterior.

—¿Tú crees en los sueños? Hace unos días, doña Raquel contó algo que nos dio miedo.

La vieja contó a su vez una historia espantosa.

Una prima suya, hermosa como un astro, se comprometió° 30 con un vecino de la aldea. Era carretero,° muy pobre, muy

agüero, *omen* visera, *shield*   carretero, *wagon driver*
pisadas, *steps*   se comprometió con, *became engaged to*

honrado y muy temeroso de Dios. Pero la moza no lo quería, por ser contrahecho.° En la noche del compromiso, la mujer del rabino°—una santa mujer—vio un cuervo.

El novio vendió un caballo y con el dinero compró un misal,
5 que regaló a la novia. Dos días antes del casamiento se anuló el compromiso y la moza se casó al año siguiente con un hombre muy rico del lugar.

El recuerdo del suceso causó honda impresión en el ánimo de doña Eva. Su cara se alargó en la sombra y, en voz baja,
10 contó el milagroso acontecimiento. Se casó la muchacha, y uno a uno fueron muriendo sus hijos. ¿Y el primer novio? El buen hombre había muerto. Entonces el rabino de la ciudad, consultado por la familia, intervino. Examinó los textos sagrados y halló en las viejas tradiciones un caso parecido.
15 Aconsejó a la mujer que devolviera al difunto su lujoso misal. Así recobraría la tranquilidad y la dicha.

—Llévalo—le dijo—bajo el brazo derecho, mañana, a la noche, y devuélveselo.

Nada respondió la afligida. Al otro día, al salir la luna, misal
20 bajo el brazo, salió. Una lluvia lenta le golpeaba el rostro, y sus pies, débiles por el miedo, apenas si podían avanzar sobre la dura nieve. En los suburbios ya, muerta de fatiga, se guareció° junto a una pared; pensaba en los hijos muertos y en el primer novio, cuyo recuerdo desapareciera[1] de su memoria durante
25 tanto tiempo. Lentamente hojeaba° el misal, de iniciales frondosas° y rosas, de estilo arcaico, que le gustaba contemplar en las fiestas de la sinagoga, mientras recitaba en coro las oraciones.

De pronto sus ojos se obscurecieron, y al recobrarse vio en
30 su presencia al carretero, con su cara resignada y su cuerpo deforme . . .

—Es tuyo este misal y te lo devuelvo—le dijo.

contrahecho, *deformed*	se guareció, *she took refuge*	frondosas, *leafy*
rabino, *rabbi*	hojeaba, *she leafed through*	

El fantasma,° que tenía tierra en los ojos, extendió una mano de hueso y recibió el libro.

Entonces la mujer, recordando el consejo del rabino, añadió:

—Que la paz sea contigo, y ruega por mí; yo pediré a Dios 5 por tu salvación.

Perla suspiró. La noche cerraba, tranquila y transparente. A lo lejos, las luciérnagas° se agitaban como chispas° diminutas y llevaban al espíritu de la anciana y de la chica un vago terror de fantasmas. Y allí sobre el palenque,° la lechuza con- 10 tinuaba mirándolas con sus ojos de imán,° lucientes y fijos.

Obsesionada por un pensamiento oculto, la niña continuó:

—Pero si el gaucho dice tales cosas del pájaro, bien pudiera ser . . .

Doña Eva miró el palenque y luego hacia el fondo negro 15 del camino y con voz temblorosa, casi imperceptible, murmuró:

—Bien pudiera ser, hija mía . . .

Un frío agudo la estremeció,° y Perla, con la garganta oprimida por la misma angustia, se acercó a la viejecita. En esto se 20 oyó el eco de un galope. Las dos se agacharon para oír mejor, tratando de ver en la densa obscuridad. Su respiración era jadeante, y los minutos se deslizaban sobre sus corazones con lentitud opresiva. Aullaron los perros de la vecindad. El galope se oía cada vez más precipitado y claro, y un instante después 25 vieron el caballo blanco que venía en enfurecida carrera. Se pararon madre e hija, llenas de espanto, y de sus bocas salió un grito enorme, como un alarido.° El caballo, sudoroso,° se detuvo en el portón, sin el jinete, con la silla ensangrentada . . .

30

Los gauchos judíos 1910

fantasma, *ghost*	palenque, *stockade*	alarido, *scream*
luciérnagas, *glowworms*	de imán, *magnetic*	sudoroso, *sweaty*
chispas, *sparks*	estremeció, *shook*	

VICENTE RIVA PALACIO

MEXICANO   1832 – 1896

GENERAL RIVA PALACIO is one of the most energetic and likable figures in Mexican literature. He fought in Benito Juárez's army, and was the general to whom the Emperor Maximilian surrendered in 1867. In spite of a busy military and political life, he wrote constantly in every field: journalism, history, criticism, drama, poetry, the novel, and the short story. He is considered the creator of the Mexican historical novel. In *Cuentos del general* Riva Palacio is at his best. These amusing, unpretentious stories, ironically and charmingly written, were not published until after the author's death. They are his chief claim to literary fame.

El buen ejemplo

En la parte sur de la República Mexicana, y en las cuestas°
de la Sierra Madre, que van a perderse en las aguas del Pacífico,
hay un pueblecito como son en general todos aquéllos: casitas
blancas cubiertas de tejas° rojas o de brillantes hojas de palma,
que se refugian de los ardientes rayos del sol tropical a la fresca 5
sombra de los árboles.

En ese pueblo había una escuela que debe estar allí todavía;
pero entonces la dirigía don Lucas Forcida, hombre muy bien
querido por todos los vecinos. En la escuela, siguiendo tradi-
cionales costumbres y uso general en aquellos tiempos, el 10
estudio para los muchachos era una especie de orfeón,° y en
diferentes tonos, pero siempre con desesperante monotonía,
en coro se estudiaban y en coro se cantaban y se gritaban no
sólo la doctrina cristiana y la tabla de multiplicar sino las letras
y las sílabas. 15

Cada día a las cinco de la tarde el ruido cesaba y los chicos
salían corriendo de la escuela, tirando piedras, coleando° pe-

cuestas, *slopes*
tejas, *tiles*

orfeón, *singing society*
coleando, *grabbing by the tail*

rros y dando gritos y silbidos,° pero ya fuera del poder de don Lucas, que los miraba alejarse, como diría un novelista, trémulo de satisfacción.

Entonces don Lucas se pertenecía a sí mismo: sacaba a la
5 calle una gran butaca° de mimbre; un criadito le traía una taza de chocolate con pan, y don Lucas, gozando del fresco de la tarde y recibiendo en su calva frente el vientecillo perfumado que llegaba de los bosques, como para consolar a los vecinos de las fatigas del día, comenzaba a tomar su modesta merienda,°
10 partiéndola cariñosamente con su loro.

*   *   *

Porque don Lucas tenía un loro que era, como se dice hoy, su debilidad, y que estaba siempre en una percha a la puerta de la escuela, a respetable altura para escapar de los muchachos, y al abrigo° del sol por un pequeño cobertizo de hojas de
15 palma. Aquel loro y don Lucas se entendían perfectamente. Raras veces mezclaba sus palabras, más o menos bien aprendidas, con los cantos de los chicos, ni aumentaba el ruido con los gritos agudos y discordantes que había aprendido en el hogar materno.
20 Pero cuando la escuela quedaba desierta y don Lucas salía a tomar su chocolate, entonces aquellos dos amigos daban expansión libre a todos sus afectos. El loro recorría la percha de arriba abajo, y se colgaba de las patas, cabeza abajo, para recibir el pan mojado con chocolate que con paternal cariño
25 le llevaba don Lucas.

Y esto pasaba todas las tardes.

*   *   *

Pasaron así varios años, y don Lucas llegó a tener tal confianza en su querido Perico, como le llamaban los mucha-

silbidos, *whistles*   merienda, *lunch*
butaca de mimbre, *wicker chair*   al abrigo, *sheltered*

chos, que ni le cortaba las alas ni cuidaba de ponerle cadena.

Una mañana, hacia las diez, uno de los chicos, que casual-
mente° estaba fuera de la escuela, gritó espantado: "Señor
maestro, que se vuela Perico." Oír esto y lanzarse maestro y
discípulos en precipitado tumulto a la puerta, fue todo uno; 5
y, en efecto, a lo lejos, como un grano de esmalte° verde herido
por los rayos del sol, se veía al ingrato volando rápidamente
para ganar cuanto antes refugio en el cercano bosque.

Toda persecución era imposible, porque ni aun sabiendo
adónde había ido habrían podido distinguirle entre la multi- 10
tud de loros que viven en aquellos bosques. Don Lucas, lanzando de lo hondo de su pecho un "sea por Dios,"[1] volvió a
ocupar su asiento, y los trabajos de la escuela continuaron
como si no acabara de pasar aquel terrible acontecimiento.°

*   *   *

Pasaron varios meses, y don Lucas, que había olvidado la 15
ingratitud de Perico, tuvo que hacer un viaje a uno de los
pueblos cercanos, aprovechando unas vacaciones.

Muy temprano ensilló° su caballo, tomó un ligero desayuno
y salió del pueblo, despidiéndose muy cortésmente de los pocos
vecinos que por las calles encontraba.   20

En aquel país, pueblos cercanos son aquéllos que sólo están
separados por una distancia de doce o catorce leguas, y don
Lucas necesitaba caminar la mayor parte del día.

Eran las dos de la tarde; el sol derramaba torrentes de fuego;
ni el viento más ligero agitaba las hojas de las palmas, inmó- 25
viles como árboles de hierro bajo el cielo azul. Los pájaros se
callaban ocultos entre las hojas, y sólo las cigarras° cantaban
tenazmente° en medio de aquel terrible silencio de mediodía.

De pronto don Lucas creyó oír a lo lejos el canto de los niños
de la escuela cuando estudiaban las letras y las sílabas.   30

casualmente, *by chance*	acontecimiento, *event*	cigarras, *locusts*
esmalte, *enamel*	ensilló, *saddled*	tenazmente, *persistently*

Al principio aquello le parecía una alucinación producida por el calor, como esas músicas y esas campanadas° que en el primer instante creen oír los que sufren un vértigo; pero, a medida que avanzaba, aquellos cantos iban siendo más claros 5 y más perceptibles; aquello era una escuela en medio del bosque desierto.

Se detuvo asombrado y temeroso, cuando de los árboles cercanos salió, tomando vuelo, una bandada° de loros que iban cantando acompasadamente° *ba, be, bi, bo, bu; la, le, li, lo, lu;* 10 y tras ellos, volando majestuosamente, un loro que, al pasar cerca del espantado maestro, volvió la cabeza, diciéndole alegremente:

"Don Lucas, ya tengo escuela."

*   *   *

Desde esa época los loros de aquella región, adelantándose² 15 a su siglo, han visto desaparecer las sombras de la ignorancia.

Cuentos del general 1896

campanadas, *ringing sounds*   acompasadamente, *rhythmically*
bandada, *flock*

COPLAS POPULARES

Para abajo corre el agua,
para arriba corre el viento,
para donde van tus ojos
se llevan mis pensamientos.

* * *

Una pena y otra pena
son dos penas para mí;
ayer penaba por verte,
hoy peno porque te vi.

* * *

Cogí el camino y me fui
por si olvidarte podía;
y mientras más me alejaba
más tu recuerdo me hería.

HORACIO QUIROGA
URUGUAYO 1878 – 1937

Los mensú

Cayetano Maidana y Esteban Podeley, peones° de obraje,
volvían a Posadas en el vapor Sílex con quince compañeros.
Podeley volvía después de nueve meses de trabajo, la contrata
concluida y con pasaje gratis, por lo tanto. Cayetano llegaba
con iguales condiciones, pero después de año y medio, tiempo 5
necesario para pagar su cuenta.

Flacos, despeinados,° la camisa abierta en largos tajos,° sin
zapatos como la mayoría, sucios como todos ellos, los dos
mensú devoraban con los ojos la capital del bosque, Jerusalén
y Gólgota[2] de sus vidas. ¡Nueve meses allá arriba! ¡Año y me- 10
dio! Pero volvían por fin y las heridas aún dolorosas de la vida
de trabajo se olvidaban ya ante el gran goce que anticipaban
allí.

De cien peones, sólo dos llegan a Posadas con crédito. Para

peones de obraje, *laborers*   despeinados, *unkempt*   tajos, *tears* esa gloria de una semana que les espera, cuentan con el anticipo° de una nueva contrata.

Cayé y Podeley bajaron del vapor y, rodeados de tres o cuatro amigas, se hallaron en muy poco tiempo borrachos° y
5 con nueva contrata firmada. ¿En qué trabajo? ¿En dónde? No lo sabían, ni les importaba tampoco. Sabían, sí, que tenían cuarenta pesos en el bolsillo y crédito para llegar a mucho más en gastos. Babeantes° de descanso y de dicha alcohólica, dóciles y torpes,° siguieron ambos a las muchachas, que los
10 condujeron a una tienda con la que tenían ellas un acuerdo especial, a un tanto° por ciento. Allí las muchachas se compraron vestidos y adornos con los pesos robados a sus compañeros.

Mientras Cayé se compró bastantes extractos y lociones para
15 bañar de perfume su ropa nueva, Podeley, con más juicio, insistía en un traje de lana. Posiblemente pagaron muy cara la cuenta, pero de todos modos, una hora después subieron a un coche, con zapatos nuevos, poncho al hombro—y revólver 44³ en el cinto,° por supuesto—y con los bolsillos llenos de
20 cigarrillos. Los acompañaban dos muchachas, muy orgullosas de la riqueza de los mensú, que llevaban consigo mañana y tarde por las calles un olor de tabaco negro y de perfumes.

La noche llegaba por fin y con ella los bailes, donde las mismas muchachas inducían a beber a los mensú, cuya riqueza
25 en dinero de anticipo les hacía lanzar diez pesos⁴ por una botella° de cerveza, para recibir en cambio un peso cuarenta, que guardaban sin mirarlo siquiera.

Así, después de constantes gastos de nuevos anticipos—necesidad irresistible de compensar con siete días de vida de gran
30 señor las miserias del obraje—el vapor Sílex volvió río arriba.

anticipo, *advance payment*
borrachos, *drunk*
babeantes, *drooling*
torpes, *clumsy*

tanto por ciento, *percentage*
cinto, *belt*
botella de cerveza, *bottle of beer*

Cayé y Podeley, borrachos como los demás peones, se instalaron en el puente en íntimo contacto con diez mulas, baúles° y atados, perros, mujeres y hombres.

Al día siguiente, ya claras las cabezas, Podeley y Cayé examinaron sus libretas°: era la primera vez que lo hacían desde 5 la contrata. Cayetano había recibido ciento veinte pesos en dinero y treinta y cinco en gastos; Podeley, ciento treinta y setenta y cinco, respectivamente.

Ambos se miraron con expresión que no era de asombro porque los mensualeros ya estaban acostumbrados. No recor- 10 daban haber gastado ni la quinta parte.

—¡Dios mío! . . .—murmuró Cayetano. —No voy a pagarlo nunca . . .

Y desde ese momento tuvo sencillamente la idea de escaparse de allí. Miró su revólver 44: era realmente lo único que valía 15 de todo lo que llevaba consigo. A dos metros de él, sobre un baúl, los otros mensú jugaban con mucha concentración al monte todo lo que tenían. Cayé los observó un rato riéndose, como se ríen siempre los peones cuando están juntos, por cualquier motivo, y se acercó al baúl, colocando a una carta y sobre 20 ella cinco cigarros.

Modesto principio, que le ganaría posiblemente el dinero suficiente para pagar el anticipo ya recibido y volverse en el mismo vapor a Posadas a gastar un nuevo anticipo.

Perdió; perdió los demás cigarros, perdió cinco pesos, el 25 poncho, sus propios zapatos. Al día siguiente recobró los zapatos, pero nada más.

Podeley ganó, tras infinitos cambios de dueño, una caja de jabones° de olor que jugó contra un machete y media docena de medias,° quedando muy satisfecho. 30

Habían llegado por fin. Los peones treparon por la interminable senda roja hasta lo alto, desde donde el Sílex aparecía

baúles y atados, *trunks and bundles*
libretas, *account books*

jabones de olor, *perfumed soap*
medias, *stockings*

pequeñito y hundido en el río triste. Y con gritos y blasfemias despidieron alegremente el vapor.

* * *

Para Podeley, labrador de madera, que ganaba hasta siete pesos diarios, la vida de obraje no era dura. Acostumbrado a
5 ella, comenzó su nuevo trabajo al día siguiente, una vez indicada su zona de bosque. Construyó con hojas de palma su cobertizo—techo y una pared, nada más—; se arregló una cama con ocho palos horizontales, y en la pared colgó las provisiones para la semana. Recomenzó, automáticamente, sus días
10 de obraje: silenciosos mates al levantarse, de noche aún; la exploración en busca de madera; el desayuno a las ocho; otra vez a trabajar, con el pecho desnudo, cuyo sudor traía moscas y mosquitos; después el almuerzo: frijoles y maíz flotando en grasa°; para concluir de noche, tras nueva lucha con el bosque,
15 con el yopará° del mediodía.

Así seguía el trabajo hasta el sábado por la tarde. Lavaba entonces su ropa y el domingo iba al almacén para comprar provisiones. Este era el real momento de diversión para los mensú, a pesar de que subían constantemente los precios.
20 El mismo fatalismo que aceptaba esta injusticia les dictaba el deber elemental de vengarse trabajando lo menos posible. Y si esta ambición no estaba en todos los pechos, todos los peones comprendían ese sentido de injusticia y odio profundo hacia el patrón.° Este, por su parte, vigilaba° noche y día a su
25 gente, y en especial a los mensualeros.

Cayetano, entretanto, meditaba siempre su fuga.° Por fortuna, había guardado con mucho cuidado su 44, que necesitaría para protegerse contra el wínchester del patrón.

* * *

grasa, *grease*   patrón, *boss*   fuga, *flight*
yopará, *leftovers*   vigilaba, *watched*

Era a fines de otoño y la lluvia constante enfermaba a los mensú. Podeley, libre de esto hasta entonces, se sintió un día tan cansado al llegar a trabajar que se detuvo mirando a todas partes sin tener ánimo para nada. Volvió a su cobertizo y en el camino sintió un ligero cosquilleo° en la espalda. 5

Sabía muy bien qué eran aquel cansancio y aquel cosquilleo. Se sentó filosóficamente a tomar mate, y media hora después un escalofrío hondo y largo le pasó por la espalda bajo la camisa: el chucho.°

No había nada que hacer. Se echó en la cama temblando de 10 frío, doblado bajo el poncho mientras los dientes castañetea-ban° continuamente.

Al día siguiente el ataque, no esperado hasta la noche, vol-vió a mediodía, y Podeley fue al almacén a pedir quinina. Tan claramente se veía el chucho en la cara del mensú que el 15 dependiente° bajó los paquetes sin mirar casi al enfermo, quien puso tranquilamente sobre la lengua aquella terrible amargura. Al volver al bosque, encontró al patrón.

—¡Tú también!—le dijo éste mirándolo. —Ya son cuatro. Los otros no importan . . . poca cosa. Pero tú nos debes di- 20 nero . . . ¿Cómo está tu cuenta?

—La tengo casi toda pagada . . . pero no voy a poder traba-jar . . .

—¡Bah! Cúrate bien y no es nada . . . Hasta mañana.

—Hasta mañana—dijo Podeley, dándose prisa, porque en 25 los pies acababa de sentir un pequeño cosquilleo.

El tercer ataque comenzó una hora después, y Podeley quedó completamente sin fuerzas, con la mirada fija y torpe, como si no pudiera andar más de uno o dos metros.

El descanso absoluto que tuvo por tres días no hizo más que 30 convertirle en un bulto doblado temblando y castañeteando en la cama. Podeley, cuyas fiebres° pasadas habían tenido hon-

cosquilleo, *tickling*   castañeteaban, *chattered*   fiebres, *fevers*
chucho, *malaria*   dependiente, *clerk*

rado y periódico ritmo, no esperaba nada bueno de estos ata-
ques continuos. Hay fiebre y fiebre. Si la quinina no había terminado el segundo ataque, era inútil quedarse allá arriba a
morir. Y bajó de nuevo al almacén.

5   —¡Tú otra vez!—le dijo el patrón. —Eso no anda bien . . .
¿No tomaste quinina?

—La tomé . . . No puedo sufrir más esta fiebre . . . No
puedo trabajar. Si quieres darme dinero para mi pasaje, te lo
pagaré en cuanto esté bueno . . .

10   El patrón contempló aquella ruina, y no estimó en gran cosa
la poca vida que quedaba allí.

—¿Cómo está tu cuenta?—preguntó otra vez.

—Debo veinte pesos todavía . . . Te pagué algo el sábado
. . . Me hallo muy enfermo . . .

15   —Sabes bien que mientras tu cuenta no esté pagada debes
quedar. Abajo . . . puedes morirte. Cúrate aquí y pagarás tu
cuenta después.

¿Curarse de una fiebre perniciosa allí donde se la adquirió?
No, por cierto; pero el mensú que se va puede no volver, y el
20 patrón prefería hombre muerto a deudor° lejano.

Podeley jamás había dejado de cumplir nada—única alta-
nería° que se permite ante su patrón un mensú.

—¡No me importa que hayas dejado o no de cumplir!—continuó el patrón. —¡Paga tu cuenta primero, y después habla-
25 remos!

Esta injusticia le hizo pensar inmediatamente en vengarse.
Fue a vivir con Cayé, cuyo espíritu conocía bien, y ambos
decidieron escaparse el próximo domingo.

—Anoche se han escapado tres peones—le gritó el patrón a
30 Podeley al encontrarlo esa misma tarde. —Eso es lo que te
gusta ¿no? ¡Esos también me debían dinero! ¡Como tú! ¡Pero
vas a morir aquí antes que salir del bosque! ¡Y mucho cuidado,
tú y todos los que están escuchando! ¡Ya saben!

deudor, *debtor*   altanería, *pride*

La decisión de huir y sus peligros—para los que el mensú necesita todas sus fuerzas—es capaz de contener algo más que una fiebre perniciosa. El domingo, por lo demás, había llegado; y con pretexto de ir a lavar la ropa, pudieron burlar la vigilancia del patrón, y Podeley y Cayetano se encontraron de 5 pronto a mil metros del almacén.

Mientras no se sentían perseguidos no querían abandonar la senda porque Podeley caminaba mal. Y aun así . . .

La resonancia peculiar del bosque les trajo de lejos una voz que gritaba: 10

—¡Disparen° a la cabeza! ¡A los dos!

Y un momento después aparecieron por un recodo° de la senda el patrón y tres peones corriendo. La caza comenzaba.

Cayetano amartilló° su revólver sin dejar de huir.

—¡Entréguense°!—les gritó el patrón.   15

—Entremos en el bosque—dijo Podeley. —Yo no tengo fuerza para mi machete.

—¡Vuelve o te tiro!—llegó otra voz.

—Cuando estén más cerca . . .—comenzó Cayé. Una bala de wínchester pasó por la senda.   20

—¡Entra!—gritó Cayé a su compañero. Y ocultándose tras un árbol disparó hacia allá los cinco tiros de su revólver.

Un grito agudo les respondió, mientras otra bala de wínchester dio contra el árbol.

—¡Entrégate o te voy a matar! . . .   25

—¡Anda, anda!—insistió Cayetano a Podeley. —Yo voy a . . .

Y después de disparar otra vez entró en el bosque.

Los otros, detenidos un momento por las explosiones, se lanzaron adelante, disparando golpe tras golpe de wínchester, 30 siguiendo a los fugitivos.

A cien metros de la senda, y paralelos a ella, Cayetano y Podeley se alejaban, doblados hasta el suelo para evitar las

disparen, *fire*   recodo, *bend*   amartilló, *cocked*   entréguense, *surrender*

lianas.° Los otros sabían dónde estaban; pero como dentro del
bosque el que ataca tiene cien probabilidades contra una de
recibir una bala en mitad de la frente, el patrón se contentaba
con disparar su wínchester y gritar amenazas.

5 El peligro había pasado. Los fugitivos se sentaron cansadísi-
mos. Podeley se cubrió con el poncho y, apoyado en la espalda
de su compañero, sufrió en dos terribles horas de chucho la
reacción de aquel esfuerzo.

Continuaron la fuga, siempre paralelos a la senda, y cuando
10 la noche llegó por fin, acamparon.° El sol estaba muy alto ya
cuando, a la mañana siguiente, encontraron el río, primera y
última esperanza de los escapados. Cayetano cortó doce cañas
y Podeley, cuyas últimas fuerzas fueron dedicadas a cortar
lianas, tuvo apenas tiempo de hacerlo antes de otro ataque de
15 chucho. Cayetano, pues, construyó solo la jangada° y diez segundos después de terminarla se embarcaron. La jangada,
llevada por la corriente, entró en el Paraná.

Las noches son, en esa época, excesivamente frescas, y los
dos mensú, con los pies en el agua, pasaron la noche helados,
20 uno frente al otro. La corriente del Paraná, aumentada de
inmensas lluvias, retorcía° la jangada y deshacía lentamente
los nudos° de lianas.

En todo el día siguiente comieron dos tortillas,° último resto
de provisión, que Podeley probó apenas. Las cañas, golpeadas
25 por la corriente, se hundían poco a poco, y al caer la tarde la
jangada había descendido casi al nivel° del agua.

Sobre el río salvaje, pasando entre las dos murallas° tristes
del bosque completamente desierto, los dos hombres, sumer-
gidos hasta la rodilla, siguieron río abajo, girando° sobre la
30 jangada, sosteniéndose apenas sobre las cañas casi separadas

lianas, *vines*
acamparon, *they made camp*
jangada, *raft*
retorcía, *kept spinning*
nudos, *knots*

tortillas, *small cakes*
nivel, *level*
murallas, *walls*
girando, *spinning*

que se escapaban de sus pies, en una noche negra en que no
vieron nada sus ojos desesperados.

El agua les llegaba ya al pecho cuando tocaron tierra.
¿Dónde? No lo sabían . . . Un campo de paja.° Pero en la
misma orilla del río quedaron inmóviles, boca abajo.   5

Ya brillaba el sol cuando despertaron. Podían ver, a unos
cuatrocientos metros al sur, el río Paranaí, que decidieron va-
dear° cuando hubieran recobrado las fuerzas. Pero éstas no
volvían rápidamente, como no habían comido casi nada. Y
durante veinte horas la fuerte lluvia transformó los dos ríos 10
en torrentes. ¡Todo imposible! Podeley se incorporó° de
pronto, apoyándose en el revólver para levantarse, y apuntó
a Cayé. Le estaba quemando la fiebre.

—¡Anda, vete de aquí! . . .

Cayé vio que poco podía esperar de aquel delirio, y se in- 15
clinó para alcanzar a su compañero con un palo. Pero el otro
insistió:

—¡Anda al agua! ¡Tú me trajiste hasta aquí! ¡Déjame ahora!

Los dedos lívidos del enfermo temblaban sobre el gatillo.°

Cayé obedeció; se dejó llevar un poco por la corriente; desa- 20
pareció tras el campo de paja; y después de un esfuerzo tremendo salió a la orilla.

Desde allí volvió para mirar a su compañero; pero Podeley
estaba doblado de nuevo en el suelo, con las rodillas hasta el
pecho, bajo la lluvia incesante. Cuando Cayetano se acercó, 25
alzó la cabeza, y sin abrir casi los ojos, murmuró:

—Cayé . . . caray° . . . Frío muy grande . . .

Llovía aún toda la noche sobre el moribundo° la lluvia
blanca y fuerte, hasta que al amanecer Podeley quedó inmóvil
para siempre en su tumba° de agua.   30

Y en el mismo campo de paja, sitiado° siete días por el

paja, *hay*	gatillo, *trigger*	tumba, *tomb*
vadear, *to wade across*	caray, *gosh*	sitiado, *besieged*
se incorporó, *sat up*	moribundo, *dying man*	

bosque, el río y la lluvia, Cayetano comió las pocas raíces y gusanos° que podía hallar, perdió poco a poco sus fuerzas, hasta quedar sentado, muriéndose de frío y hambre, con los ojos fijos en el Paraná.

5 El vapor Sílex, que pasó por allí al anochecer, recogió al mensú ya casi moribundo. Su felicidad se transformó en terror al darse cuenta al día siguiente de que el vapor subía río arriba.

—¡Por Dios te pido!—lloró ante el capitán.—¡No me bajen en Puerto X! ¡Me van a matar! ¡Te lo pido por Dios!

10 El Sílex volvió río abajo a Posadas llevando consigo al mensú, todavía enfermo y delirante.

Pero diez minutos después de bajar a tierra en Posadas estaba ya borracho con nueva contrata, y se iba hacia la tienda a comprar lociones.

Cuentos de amor, de locura y de muerte 1917

gusano, *worm*

ALBERTO GUILLÉN

PERUANO   1899–1936

LAS ATLÁNTIDAS[1]

El viento hincha las velas
de mi corazón.
¿Hacia dónde vuelas,
viento, y llevas mi barco sin timón?

Y el barco parte, y siento las espuelas
del viento en mi corazón.
Vamos como las carabelas
de Colón.

¿Hacia dónde?
¡No importa! La vida esconde
mundos en germen

que aún falta descubrir.
¡Corazón, es hora de partir
hacia los mundos que duermen!

RAFAEL MALUENDA
CHILENO 1885 – 1963

MALUENDA'S stories are a faithful reflection of the man: dynamic, realistic, witty. He had a deep love of the land and the humble people of Chile, and a fertile imagination and skill with which to describe them and the motives that govern their actions.

La Pachacha°

I

Era una gallina de color ceniciento,° gruesa, de patas cortas y bruta. Su llegada al corral del criadero° fue un accidente afortunado; porque, nacida y criada en el rincón de un huerto,° su destino habría sido el de todas las aves que la rodeaban: crecer, poner e incubar sus huevos, arrastrar los 5 pollitos cloqueando° por el huerto y luego morir obscuramente para alegrar algún almuerzo de domingo.

Pero ocurrió que, queriendo ganarse la amistad de los amos, la mujer de un inquilino° la trajo de regalo al menor de los hijos del propietario, y por deseo de éste la pusieron en el 10 corral del criadero donde los amos tenían una colección de aves finas.

pachacha, *runt*	criadero, *poultry yard*	cloqueando, *cackling*
ceniciento, *ash*	huerto, *orchard*	inquilino, *tenant*

Así, por dictado de la suerte, la *Pachacha* se halló una tarde en compañía de aquel selecto grupo de aves de calidad.

Cuando las manos de un sirviente la soltaron por sobre el tejido de alambres, tendió las pesadas alas y fue a posarse junto
5 a un elegante abrevadero° de latón. Llena de angustia, sin atreverse a lanzar su cloqueo° vulgar, tendió el cuello, orientándose, mientras las demás aves lanzaban al unísono un cloqueo sonoro que a la recién llegada le pareció una carcajada° burlona.

10 Aunque la *Pachacha* era gorda y muy fea, su sangre vulgar encerraba bastante malicia y buen sentido; por esto, rápidamente comprendió que debía estar humilde en aquella emergencia, y con pasos cortos, que trató de hacer ligeros, se fue alejando del abrevadero y se acercó confusa al tejido.

15 Mientras esperaba allí, inmóvil y jadeante, movió la cabeza en todas direcciones para orientarse. Agrupados a poca distancia, unos treinta gallinas y pollos, de entre los cuales emergían las crestonadas° cabezas de los gallos, se movían curiosos, tendiendo el cuello hacia la recién llegada.

20 ¡Qué colores y qué formas!

¡Cuánta elegancia y cuánta distinción!

La *Pachacha* admiró, con todo el fervor de su sangre vulgar, aquella colección de aves que sólo había podido imaginar en sus horas de fantasía, allá en su huerto nativo.

25 De pronto suspendió sus reflexiones, notando en los grupos de aves cierto movimiento que a su timidez le pareció agresivo. Escuchó cloqueos ininteligibles; se trataba de ella seguramente. Y casi en seguida un gallo blanco, blanquísimo, de larga y curvada cola, roja y ancha cresta, se separó del grupo y
30 vino hacia la forastera. Muerta de miedo, la *Pachacha* se encogió,° sin dejar de admirar las maneras graciosas con que el

abrevadero de latón, *brass drinking trough*
cloqueo, *cackle*

carcajada, *burst of laughter*
crestonadas, *crested*
se encogió, *shrank*

gallo se le iba acercando: nada de aquellas carreras pesadas del gallo del huerto y que terminaban con un picotazo° y una caricia agresiva; el gallo blanco y crestonado venía ahora lentamente, picoteando el suelo y lanzando suavísimos cloqueos; se acercaba como convenciéndola de que sus temores 5 no tenían fundamento. Y en cuanto estuvo cerca, inclinó la roja cabeza, tendió las alas blancas y con melodioso cloqueo giró en torno de la *Pachacha.*

¡Qué rueda,° Dios santo!

Con firme acento el gallo se presentó: 10

—*Leghorn* . . .

Confundida por no poder decir su origen con igual orgullo, la *Pachacha* se contentó con lanzar un cloqueo gangoso,° acaso con la esperanza de parecer extranjera. Pero el *Leghorn,* que sabía muchas lenguas, no pudo colocar en ninguno de los 15 cloqueos conocidos aquel rumor tan nasal y dando media vuelta se alejó con desprecio.

Tres gallinas blancas de su familia le salieron al encuentro.

—¿Quién es? ¿Quién es?

El gallo se encogió de alas.   20

—No he podido entenderla—dijo.

Y se fue en compañía de sus gallinas, comentando la llegada inesperada.

Hubo después un continuo acercarse de las demás aves a la confundida *Pachacha:* vinieron las *Rhode Island,* las *Plym-* 25 *outh,* las *Padua,* las *Orpington,* y las *Inglesas.* Todas venían a ella, con curiosidad o desprecio, y se alejaban después como queriendo no dar confianza alguna a la gallina intrusa . . .

Sólo una familia no mostró curiosidad y quedó indiferente a aquel movimiento: la *Japonesa.* Y la *Pachacha,* ansiosa de un 30 apoyo, se fue acercando al grupo, atraída por el color ceniciento que creía parecido al suyo. La *Pachacha* hubiera querido acercarse a cualquiera de las otras, más hermosas familias;

picotazo, *peck*	rueda, *tail spreading*	gangoso, *twangy*

pero, rechazada de cada grupo, se resignó a buscar la compañía de las *Japonesas.* En su situación, no podía escoger con cuidado a sus amigas.

Cuando se hubo colocado entre ellas, las *Japonesas* se alzaron deferentes—¡benditas sean las gallinas educadas y modestas!—y empezaron con la recién llegada un cloqueo amistoso° para informarse y para invitarla a dar una vuelta por el corral.

—¿Han visto la facilidad con que estas *Japonesas* acogen a cualquiera?—criticó una *Plymouth.*

—Ah, sí . . .—contestó una *Inglesa*—. Al fin, con esas caras que tienen, pueden juntarse con cualquiera.

—No se verá entre nosotros—prometió el gallo *Orpington.*

—¿Ustedes vieron cómo la recibí? Que se me ponga negra la cola si vuelvo a saludarla—declaró el *Leghorn.*

Y excitándose mutuamente, como sucede en toda reunión social, las diversas familias del corral decidieron un estricto boycoteo a la gallina arribista.°

Sólo un viejo *Rhode Island,* de modos reposados y acento ronco, no aceptó el acuerdo. Era el más anciano de los gallos y su origen y su edad le permitían expresarse libremente.

—No me explico tanta indignación—dijo—. Si esta gallina me tolera, puede contar con mi amistad. ¿Que es fea y no sabe de dónde viene? ¿Qué importa? Nadie puede negar que tiene las carnes sólidas . . .

—¡Qué viejo tan cínico!—dijeron las *Leghorn,* disgustadas.

De pronto, un pollo socialista lanzó un grito:

—¡Al fin y al cabo todos venimos de un huevo!

—¡Cállese el demócrata! . . .

—¡Y lo soy!—afirmó el pollo—, aunque mi familia sea *Plymouth.* ¡Todos venimos de un simple huevo!

—¡Qué ridículo!—exclamó la más vieja de las *Orpington*—pero hay huevos y huevos.

amistoso, *friendly*   arribista, *social climbing*

Las *Inglesas* propusieron una manifestación hostil contra la intrusa, pero al fin sólo decidieron observar un aislamiento° estricto.

Cuando, dos horas más tarde, el sirviente condujo las aves al dormitorio, la *Pachacha* las siguió, acompañada por las *Japo-* nesas que parecían hacer° alarde, ante las demás familias, de sus maneras protectoras.

II

La noche es para las aves—como para los seres humanos—tiempo de meditación. Y así lo que una gallina se propone al anochecer suele cambiar cuando llega la mañana.

Poco se sabe de lo que pensaron aquellas gallinas distinguidas respecto de la *Pachacha;* pero lo cierto es que, cuando al amanecer la forastera salió al corral, se sorprendió con el saludo cortés que le hizo una de las *Leghorn.*

—Buenos días. ¿Cómo pasó la noche?

La *Pachacha,* disimulando su timidez, respondió:

—Bastante regular . . .

Y como los tímidos en su timidez se vuelven audaces, afirmó mintiendo:

—Estaba acostumbrada a mejor dormitorio . . . pero en la vida hay que resignarse a todo.

La *Leghorn* hizo° que la creía y asintió:

—Así es.

Luego la invitó al abrevadero y con deferencia le explicó sus ventajas.

—Es agua limpia y fresca, porque a nosotras nos enferman las aguas corrientes.

Aunque no tenía sed, por hacer todo lo que pudiera distinguirla, la *Pachacha* bebió un poquito, alzando el pico con estudiada delicadeza.

aislamiento, *isolation*   hacer alarde, *to boast*   hizo, *pretended*

Al salir al corral, las demás gallinas se sorprendían mucho viendo a la forastera en compañía de la *Leghorn*. No era ya el gesto de repulsión del día antes, sino más bien un movimiento de irritación al ver que otra gallina ya había hecho lo que
5 también ellas pensaron. Entonces, disimulando la irritación, se unieron al grupo amigo; y la *Pachacha,* habiendo perdido el primer temor, se animó un poco más.

—Co-co-ro-có—cantó el *Leghorn.*

Y ella, demostrando una viva admiración, les dijo a las ga-
10 llinas:

—Pocas veces he oído un tenor tan puro . . .

Fue suficiente para que el vanidoso° se uniera a las gallinas y ofreciera a la extranjera una rueda gentil. Y alabando así a todos, la *Pachacha* pudo comer su ración de maíz sin que nadie
15 la molestara.

Estimando el cambio de opiniones y las deferencias hacia la recién llegada, el viejo *Rhode Island* murmuró:

—¡Vaya una variación! Ayer repulsión, hoy cariños . . . Todas quieren convertirse en protectoras. Se las come la en-
20 vidia. ¡Gallinas al fin[1]!

Con la misma prisa con que el día antes evitaban el contacto de la forastera, buscaban ahora las familias su compañía y la llenaban de confidencias.

—Tenga cuidado con las *Inglesas*—le dijeron las *Rhode*
25 *Island*—a lo mejor° las domina el instinto, y cuando las cree más amigas, le sacan un ojo de un picotazo.

Las *Padua* ridiculizaban a las *Orpington* y a las *Plymouth.*

—¡Qué gordas! ¿verdad? Creen que hay distinción en el peso.

La *Pachacha,* confundida con aquellas confidencias, res-
30 pondía con discreto cloqueo; comprendía que era necesaria cierta diplomacia para mantenerse bien con todo el corral y por turno se mostró de acuerdo con cada una de las que le hablaban.

vanidoso, *vain fellow*   a lo mejor, *when least expected*

Sólo las *Japonesas* se mostraron discretas y al juntarse con ella sólo le dijeron atentas:

—Si siente necesidad, acuérdese de que el último ponedero° de la izquierda es el más cómodo.

Entre cloqueos de gallinas y clarinadas° de gallos que co- 5 mentan los diversos incidentes de un corral, la *Pachacha* pasó una semana gozando de los beneficios de su amistad con aquellas aves de calidad.

Un acontecimiento en el cual nunca pensaron vino a sorprender al corral: la *Pachacha* estaba poniendo.   10

¿Poniendo? ¿Pero también iba a poner la forastera? Las gallinas se indignaron, porque eso les resultaba humillante como un abuso de confianza. Y el disgusto se hizo agudo cuando las gallinas que habían ido a mirar por entre los resquicios° del ponedero trajeron la noticia de que la forastera 15 estaba en el mejor nido: el último de la izquierda.

Disimulando la gran irritación que las agitaba, pudieron contar once entradas de la *Pachacha* en el ponedero. De pronto notaron su ausencia, y el *Rhode Island* adivinó:

—Después de lo uno lo otro; de seguro que está "echada.°" 20

Corrieron a averiguarlo, y asomando las cabezas lanzaron un "buen día,"² al que la *Pachacha* respondió desde un rincón con un cloqueo ansioso.

Veintidós días estuvo la *Pachacha* ocupada en su labor de paciencia y de inmovilidad, sufriendo los cuchicheos° curio- 25 sos de las vecinas. Mientras tanto en el corral se habían tomado severas medidas sociales contra la futura familia. Se trataba de reparar el error cometido, aislando a la *Pachacha* y a su cría.°

La *Orpington* expresó el pensar de todas:

—Una puede tolerar a estas gallinas de poca familia, pero 30 de eso a permitir que su cría se mezcle con las nuestras hay diferencia. Respetemos las categorías. El amo ha dado una

ponedero, *nesting house*	resquicios, *cracks*	cuchicheos, *whispering*
clarinadas, *bugle calls*	echada, *setting*	cría, *brood*

prueba del origin vulgar de esa intrusa haciéndola empollar°
sus huevos mientras a nosotras nos dan la ayuda de un maru-
cho.° ¡Ay de° los hijos míos que no me obedezcan!

Y por adelantado dio algunos picotazos entre sus hijos. Las
5 demás la imitaron . . .

El viejo *Rhode Island,* balanceando su floja° cresta, murmuró para sí:

—¡Pero qué gallinas son estas gallinas!

.

III

Fue una mañana de mediados de primavera cuando la *Pa-*
10 *chacha* salió con su cría. Las gallinas, que habían aguardado
con impaciencia aquel momento, tendieron el cuello curiosas y
sorprendidas.

Porque esperaban unos pollos feos y débiles, y en vez de eso,
la *Pachacha* arrastraba tras sí once pollitos de colores varios,
15 delicados como vellones° de lana. Piaban° dulcemente tras
la gorda y satisfecha mamá, que caminaba ansiosa, alzando con
cuidado las gruesas patas y arañando° la tierra, para ofrecerles
los gusanos más pequeños.

—Por aquí, niños—les decía—. A ver si se portan decentitos
20 ahora que esas señoras los están mirando . . . Cloc-cloc . . .

Las demás familias le lanzaron algunos saludos irónicos;
pero ella apenas los contestó, toda ocupada en sus afanes de
madre.

El *Rhode Island* se acercó a felicitarla.

25   —Me alegro de verla con pollos tan bonitos. Yo estoy por
el sistema antiguo: nada de incubadoras . . . Que tenga
buena suerte.

La *Pachacha* no notó el cambio de las demás aves: estaba
entre ellas, ella y su familia figuraban entre las finas, sus pollos

empollar, *hatch*	floja, *limp*	piaban, *they peeped*
marucho, *incubator*	vellones de lana, *fleece*	arañando, *scratching*
ay de, *Heaven help*		

lucían plumas selectas; había realizado por fin su sueño de
gallina arribista.

Hasta el amo alabó la cría:

—Muy sanitos—dijo.

Y las *Padua* replicaron con desprecio: 5

—Salud de pollos vulgares.

Pero los pollos y las pollas—aunque vulgares—crecieron ex-
quisitos: los gallos se fueron haciendo hermosos y las pollas
redondas y ágiles, despertando simpatías entre los pollos de
calidad. Y como los varones son menos escrupulosos que las 10
hembras,° sucedió que unos gallos finos casaron con las pollas
de la encantada *Pachacha*.

La vida en común, el capricho de los pollitos, la indiferencia
de algunas gallinas, la envidia y la ambición; todas esas pa-
siones sordas que agitan a las aves de calidad acabaron con la 15
resistencia, y a mediados del verano ya era la *Pachacha* una
gallina de abolengo,° cuya amistad se disputaban las otras
familias del corral.

Ya no hubo diferencia entre los pollos de la *Pachacha* y los
de las demás gallinas: nadie hubiera reconocido en aquella 20
gallina vanidosa al ave torpe que una tarde arrojaron por sobre
el tejido de alambres al corral. La *Pachacha* misma, infatuada
y olvidadiza, creía que el abandonado huerto y todo lo que fue
su pasado de polla bruta, no era más que un mal sueño de la
imaginación.   25

¡Porque las gallinas son así cuando llegan a imaginar!

Un día, otra gallina bruta, escapada de alguna parte, vino a
penetrar en el corral. Como había hecho la *Pachacha,* se re-
fugió en un extremo, confusa y avergonzada. Las aves finas—
mejor dispuestas que la primera vez—quisieron recibir cor- 30
tésmente a la extranjera.

Pero la *Pachacha* se opuso, trémula de indignación:

—¿Qué es eso?—dijo—. ¿Este es un corral o un estercolero°?

hembras, *females*   abolengo, *lineage*   estercolero, *dungheap*

¿Por qué se introducen aquí gallinas brutas? ¡Afuera la intrusa, afuera!

Y seguida de sus hijos—gallitos y pollas—atacó a la pobre gallina con picotazos hasta dejarla medio muerta en un rincón del corral.

Habiendo hecho esto, volvió satisfecha sacudiendo las alas y cloqueando:

—Así debiera tratarse a estas gallinas insolentes que no se acuerdan de su origen . . .

Y como las demás aves guardaron silencio, añadió:

—Tal vez he sido demasiado severa, pero esas intrusas me vuelven loca . . .

Un vientecillo fresco que agitó los árboles echó hojas y flores sobre la pobre gallina herida que temblaba de miedo y de dolor.

Y contemplando aquella escena, el viejo *Rhode Island* cloqueó con acento pesimista:

—Hasta entre las gallinas ¡no hay peor cuña[3] que la del mismo palo!

La Pachacha 1915

LUIS LLORÉNS TORRES

PORTORRIQUEÑO 1878 – 1944

BOLÍVAR[1]

Político, militar, héroe, orador y poeta.
Y en todo, grande. Como las tierras libertadas por él.
Por él, que no nació hijo de patria alguna,
sino que muchas patrias nacieron hijas de él.

Tenía la valentía del que lleva una espada.
Tenía la cortesía del que lleva una flor.
Y entrando en los salones arrojaba la espada.
Y entrando en los combates arrojaba la flor.

Los picos de los Andes no eran más, a sus ojos,
que signos admirativos de sus arrojos.

Fue un soldado poeta. Un poeta soldado.
Y cada pueblo libertado
era una hazaña del poeta y era un poema del soldado.

Y fue crucificado . . .

EDUARDO BARRIOS

CHILENO 1884 – 1963

BARRIOS was noted for his skillful character portrayal, his psychological insight, and above all for his transparent, musical style. He wrote with an effortless simplicity that was always expertly adapted to his purpose. One of the most brilliant stylists of modern Spanish-American literature, he was awarded Chile's Gran premio nacional de literatura in 1946.

Papá y Mamá

Es de noche, en la paz de una calle de humildes hogares.

Un farol, tras un árbol, alumbra el muro. Próxima se abre la ventana de la salita modesta, en cuya sombra se ve a la joven esposa sentada en el balcón, con los ojos como fijos en pensamientos. ₅

¿Qué piensa la esposa todas las noches a esa hora, cuando el marido, después de comer, sale? ¿Qué piensa todas las noches, sentada en el balcón, mientras la criada lava dentro los platos y los niños juegan un rato en la acera°? . . . ¿Añora°? ¿Sueña? . . . ¿O simplemente escucha el péndulo que en el ₁₀ misterio de la sombra marca el paso al silencioso ejército de las horas?

Es plácida, la noche. El cielo, claro, las nubes, transparentes, y, muy blanca y muy redonda, la luna que recuerda viejas estampas° de romanticismo y de amor.

acera, *sidewalk*   añora, *does she yearn*   estampas, *engravings*

Dos niños juegan en la acera: Ramón y Juanita. Un tercero, nene que aún no anda, sentado en el umbral° de la puerta de calle, escucha sin comprender y mira con ojos maravillados. Ramoncito ha mudado ya los dientes; es vivo, habla mucho, 5 y sus piernecillas nerviosas están en constante movimiento. Juanita es menor. Sentada como el nene sobre la piedra del umbral, acomoda en un rincón de la puerta paquetitos de tierra, y botones,° y cajas de fósforos,° y palitos. . . .

Juegan a la gente grande, porque ellos, como todos los niños, 10 sienten, sobre todo en las noches, una inconsciente° necesidad de imaginar y preparar la edad mayor.

*   *   *

RAMONCITO, *deteniéndose frente a su hermana, con las manos en los bolsillos y las piernas abiertas.* ¿A qué jugamos, por fin?

15   JUANITA. Ya, ya está el almacén listo. *Y cambia la posición de los botones y las cajitas.*

RAMONCITO. Pero ¿vamos a jugar otra vez a las compras?

JUANITA. Es claro, sigamos. Yo soy siempre la madama,° y tú me sigues comprando. ¿No ves que mucha gente de todas 20 estas casas no me ha comprado nada todavía? . . .

RAMONCITO. Mira, mejor juguemos a otra cosa. Siempre al almacén, aburre.

JUANITA, *palmoteando.°* Al abuelito ¿quieres? A contar cuentos.

25   RAMONCITO. Oye ¿para[1] qué le servirán los anteojos al abuelito?

JUANITA. ¡Tonto! Para ver.

RAMONCITO. Así decía yo; pero ¿no te has fijado que para hablar con uno mira por encima de ellos y para leer se los pone 30 sobre la frente?

umbral, *threshold*
botones, *buttons*
fósforos, *matches*

inconsciente, *unconscious*
madama, *storekeeper*
palmoteando, *clapping her hands*

JUANITA. Cierto. ¿Para qué le servirán los anteojos al abuelito?

RAMONCITO. Bueno, bueno. Juguemos . . . a . . .

JUANITA. ¿A la casa?

RAMONCITO. Sí.   5

JUANITA, *con creciente entusiasmo.* ¿Al papá y a la mamá? Yo soy la mamá o la cocinera . . . Lo mismo da, como tú quieras. Las dos, puedo ser las dos.

RAMONCITO, *improvisando*[2] *un bastón con una ramita seca que recoge del suelo.* Yo, el papá. Llego del trabajo, a comer, 10 pidiendo apurado la comida, que tengo que ir al teatro. ¿Te parece?

JUANITA. Espléndido.

Y renace la animación. La chica da nuevo acomodo a las cajas de fósforos y agrupa los botones. Entre tanto, Ramoncito, 15 *a largos pasos que resuenan en la acera, vuelve otra vez a la esquina.*

RAMONCITO. ¿Está lista esa comida, Juana? . . . Pronto, ligerito, que tengo que salir.

JUANITA. Voy a ver, Ramón, voy a ver . . . Esta cocinera 20 trabaja tan despacio. *Se vuelve hacia su fingida cocinera y pregunta:* ¿Mucho le falta, Sabina? ¿Sí? . . . ¡Ave María!

El chico levanta los brazos, asombrado. Luego frunce° *el ceño, se ha enfadado de repente.*

RAMONCITO. ¡Qué! ¿No está lista todavía esa comida?   25

JUANITA. Ten paciencia, hijo, por Dios . . . A ver, mujer, déjeme a mí. Páseme el huevo, la harina.° . . . Eche más carbón° . . . ¡Viva, anímese! . . .

RAMONCITO, *que ha empezado una serie de furiosos paseos bastón en mano, exasperado.* ¡Habráse° visto, hombre! ¡Qué 30 barbaridad°! Se mata uno el día entero trabajando, para llegar

frunce el ceño, *he frowns*
harina, *flour*
carbón, *coal*

habráse visto, *can you beat it?*
barbaridad, *mess*

después a casa y no encontrar ni siquiera la comida lista. ¡Caramba!

JUANITA, *riendo*. Así, así, muy bien.

RAMONCITO, *en un paréntesis*.[3] No hables de otra cosa.
5 Ahora eres la mamá y nada más. *De nuevo en son de marido furioso:* ¿En qué pasan el día entero dos mujeres, digo yo?

JUANITA. Cosiendo, hijo, y lavando y . . .

RAMONCITO. Nada. Mentira. Flojeando.° . . . ¡Brrr!

JUANITA. ¡Dame tu santa paciencia, Dios mío! . . . ¡Chsss!
10 *Muy ocupada, finge freír,° en un botón, un huevo . . . de paja.*

RAMONCITO. Paciencia . . . Me das risa. Tengo hambre y estoy apurado . . . apurado ¿oyes? Trabajo como un bruto y llego muerto de hambre. ¡Ah! Ya esto no se puede aguantar.°
15 JUANITA, *que fríe con loco entusiasmo.* ¡Chsss! Y . . . este aceite, Dios mío, no sé qué tiene . . . ¡Chsssss!

RAMONCITO. ¡Buena cosa! . . . Está muy bien, muy bien
. . . ¡Ah, y cásese[4] usted!

Sus paseos se hacen cada vez más furiosos.
20 JUANITA. No te quejes así. Y a los niños, a estos demonios ¿quién los lava, quién los viste, quién les cose,[5] quién?

RAMONCITO. ¡Basta! Lo de siempre. Yo no tengo nada que ver con eso.

JUANITA. Pero es que . . . ¡Uy, que se me queman las len-
25 tejas°! . . . Pero es que, por un lado, estos niños; por otro lado, la calma de esta mujer . . .

RAMONCITO, *enojado*. Si la Sabina es floja, buscas otra criada. ¡Caramba!

JUANITA. Cuidado, Ramón, que cuesta mucho encontrar
30 sirvientes.

RAMONCITO. ¡Qué sé yo! Tú sabrás. Podías aprender de mi madre, ya te lo he dicho. Esa sí que es ama de casa.

flojeando, *loafing*   aguantar, *to endure*
freír, *to fry*   lentejas, *beans*

Como Juanita calla, sin saber qué responder, el chico la ayuda.

RAMONCITO. Enójate un poco tú también. Dime así, rezongando°: "Ya me tienes⁶ loca con lo mucho que sabe mi suegra. Ella será un prodigio; pero yo, hijo ¿qué quieres? . . . una ⁵ inútil . . ."

La chica suelta una carcajada.

JUANITA. ¡De veras! No me acordaba.

RAMONCITO. Dilo, pues. No sabes jugar.

JUANITA, *entre dientes.* "Ya me tienes loca con lo mucho ₁₀ que sabe mi . . ."

RAMONCITO, *rabioso, sin dejarla concluir.* ¿Qué? ¿Rezongas?

JUANITA. Páseme esa cuchara, Sabina.

RAMONCITO. No, no. Ahora me debías contestar: "¡Ave María! ¡Qué genio! Debes estar otra vez enfermo. Es tiempo ₁₅ de que tomes otro purgantito.°" . . . No sabes, no sabes jugar.

JUANITA. Espérate. Ahora sí, verás.

RAMONCITO, *dándose por replicado y montando en mayor cólera.* ¡Enfermo! Siempre la culpa ha de ser mía. ¡Ah, casarse, casarse! Para gastar, para eso se casa uno. Así les digo a mis ₂₀ amigos: Cásense y verán. . . .

JUANITA, *con viveza.* Se te olvida una cosa: "¡Ah, si yo tuviera la dicha de enviudar°!" Y entonces yo te contesto: "No tendrás ese gustazo."

. .Pero el hombrecito se siente herido en su vanidad por la ₂₅ lección y, levantando el palo, amenazante, ruge:

RAMONCITO. ¡¡¡Callarse!!!

JUANITA. Veamos ahora la carne, Sabina. . . . *Respondiéndose a sí misma:* Ya está, señora . . .

RAMONCITO. ¡Ay, ay, ay! ¡Linda vida, ésta! . . . En la ₃₀ oficina, aguantar al jefe; en la calle, los ingleses; en el tranvía, las conductoras hediondas,° las viejas que han de ir todos los

rezongando, *grumbling*
purgantito, *laxative*
enviudar, *become a widower*
hediondas, *foul-smelling*

días a misa, nada más que para hacer viajar de pie a los hombres, que vamos al trabajo . . . o las chicas, que se van a gastar en las tiendas lo que a los padres nos cuesta . . . nuestro sudor.

5 JUANITA. ¡Ah, si tuvieras la dicha de enviudar! . . .

RAMONCITO. ¡Imbécil! ¡Celosa°!

JUANITA. ¿Celosa? Ya no, hijo; ya no soy la tonta de antes.

RAMONCITO. ¡Callarse, he dicho!

Y levanta el palo, amenazante, terrible.

10 JUANITA, *en un nuevo paréntesis.*[3] Oye, los palos no los des de veras.

RAMONCITO. ¡Silencio! ¡¡¡Silencio!!! Estoy ya cansado, aburrido, loco . . . ¡loco! . . . ¡¡Brr!! . . .

Da un golpe tremendo contra la puerta. La niña se asusta.

15 JUANITA, *realmente azorada.°* Espero que no vayas a . . .

RAMONCITO, *repitiendo el golpe con mayor furia.* ¡Chit! ¡Callarse!

JUANITA, *seria.* No juguemos más ¿quieres?

RAMONCITO. ¡Nada, nada! ¡Pronto, la comida, si no quieres 20 que yo . . .

El palo cae repetidas veces sobre la puerta, zumba° alrededor de la cabecita de la niña, que se alarma cada vez más. El chico sigue echando chispas y gritando. De pronto, con el palo alzado, se queda mirando a la fingida esposa. En sus ojos brilla 25 una llama traviesa°: aquel brazo armado parece que va a caer en serio sobre la cabeza de la niña. Entonces Juanita tiene primero una sonrisa interrogativa, luego un gesto de miedo. El nene, asustado también, empieza a llorar; y aquí Juanita, como iluminada de pronto por un recuerdo salvador, coge al 30 nene en brazos, se levanta digna y altiva,° y dice:

JUANITA. ¡Ramón, respeta a tu hijo!

Papá y Mamá 1920

celosa, *jealous*	zumba, *buzzes*	altiva, *haughty*
azorada, *scared*	traviesa, *mischievous*	

LEOPOLDO LUGONES

ARGENTINO   1874 – 1938

TONADA[1]

Las tres hermanas de mi alma
novio salen a buscar.
La mayor dice: yo quiero,
quiero un rey para reinar.
Esa fue la favorita,   5
favorita del sultán.

La segunda dice: yo
quiero un sabio de verdad,
que en juventud y hermosura
me sepa inmortalizar.   10
Esa casó con el mago
de la ínsula de cristal.

La pequeña nada dice,
sólo acierta a suspirar.
Ella es de las tres hermanas   15
la única que sabe amar.
No busca más que el amor,
y no lo puede encontrar.

Romancero 1924

EDUARDO LONDOÑO VILLEGAS

COLOMBIANO 1890 –

LONDOÑO VILLEGAS has been a journalist, government employee, cavalry officer, industrialist, and writer during his long and busy life. He has the unique distinction of having founded the city of Uribia, capital of La Guajira territory in northeastern Colombia. His story *El cometa Alisius* offers us a humorous space-age variation of a confidence game.

El cometa Alisius

(Cuento Astronómico)

En la fábrica de pastas para sopa "La Neptuno, S.A." reinaban el silencio y la quietud, después del animado tráfago° del día. El reloj andaba ya por las siete de la noche cuando don Nicébulo, el gerente, se dispuso[1] a dar por concluida su labor cotidiana. Pero en aquel momento la puerta se entre- 5 abrió para dar paso a la cabeza del portero.

—Un señor desea hablar con usted, señor gerente.

—Mal momento éste. Habría podido venir en horas de despacho.

—Dice que el asunto es urgente.   10

—Que pase.

tráfago, *hubbub*

Un anciano caballero, modestamente trajeado° y con marcado aspecto de sabio, hizo su entrada.

—Me perdonará usted, señor gerente—dijo con entonación calmada y suave—si me he permitido molestarlo en hora
5 tan inoportuna. Pero, deliberadamente y por la índole° reservada del asunto que me trae, he escogido este momento cuando, excepción hecha de usted y del portero, no hay persona alguna en esta fábrica. Me llamo Camilo Flammarion.

—¿Cómo?

10 —Camilo Flammarion.² Se le hará raro a usted que lleve el nombre de . . . otro sabio, mi ilustre colega francés, pero la cosa³ no pasa de ser coincidencial. Yo también soy astrónomo.

—Estoy a sus órdenes, señor . . . Flammarion—dijo don
15 Nicébulo, mirando inquisitivamente° a los ojos de su visitante—. Tome usted asiento.

Dejó el anciano su sombrero en uno de los asientos, y acercando otro al sillón gerencial, se acomodó tímidamente en él. Sacó luego del bolsillo del pecho una gran hoja de papel
20 plegada en muchos dobleces, y empezó:

—Como le acabo de decir, señor don Nicébulo, cultivo esta ciencia, que también es suya, de la astronomía . . . Apelando° a los procedimientos de trigonometría cósmica que aconsejan Haupmedent,⁴ Brens y Goeniwedt—quienes, como
25 usted sabe, han ahondado más que nadie en materias de cálculos de intergalaxia y coordenadas estelares—he descubierto un nuevo planeta . . . ¡Sí, señor, como usted lo oye: un nuevo planeta, tres veces mayor que la tierra! Se trata de un satélite de Aldebrán, en el noveno circuito de la setenta-
30 y-dosava zona galáxica . . . ¡Aquí lo tiene usted!

Mientras desdoblaba la enorme hoja de papel, fue explicando:

trajeado, *dressed*   inquisitivamente, *inquiringly*
índole, *nature*   apelando a, *having recourse to*

—En esta carta astronómica, tengo la exacta localización estelar de mi descubrimiento. Usted, como buen astrónomo, se dará cuenta . . .

—¿Astrónomo yo?—interrumpió el gerente, entre intranquilo y asombrado—. ¡Pero, señor, si de esas cosas no entiendo absolutamente nada! . . . ¡Todo lo que sé es que la marca registrada° de nuestras pastas . . . corresponde al nombre de un planeta!

—¡Vamos, señor don Nicébulo! . . . —atajó, vivamente, el anciano—. La modestia es una bella cosa . . . ¡pero no llevada a ese extremo! . . . ¡Hasta los más insignificantes iniciados en nuestra ciencia saben que el nombre de Nicébulo Bonilleras figura con gloria—¡y muy merecidamente, señor!—en la corta lista de los grandes astrónomos hispanoamericanos!

Al gerente no le cupo ya duda: "Por lo visto—pensó—tengo que habérmelas con un inquilino de Sibaté." Y, por llevarle la idea, dijo:

—Ciertamente, señor Flammarion, pero usted comprende . . .

—¡Nada, mi don Nicébulo, que aquí hablamos de científico a científico! Verá usted . . .

Había abierto ya sobre el escritorio el pecoso mapa astronómico, surcado por todas partes de misteriosos trazos, que cortaban el abigarrado° desorden de las estrellas y las nebulosas.

—Aquí—explicó, emocionado—en el cruce de los diez y siete grados magnéticos y la coordenada máxima de Géminis, en el noveno circuito de la setenta-y-dosava zona . . . mire usted . . . en este puntito exacto—¿Observa?

La cara del viejo se iluminó con una inefable sonrisa de triunfo. Y, casi gritando, agregó:

—¡Aquí, mi ilustre don Nicébulo, está . . . *Camilarión*,

marca registrada, *brand name*   abigarrado, *confused*

que es el nombre que, en honor de mi dirección telegráfica
(y la de mi difunto colega francés) le he dado al planeta que
hoy tengo el honor de ofrecerle!

—¡Maravilloso, señor Flammarion, maravilloso!

5   —Pues bien, señor gerente . . . o, mejor dicho, "profesor" . . . A usted y a nadie más que a usted . . . ¡le voy a
vender este planeta!

—¿Me lo va a vender? . . . Pero, señor Flammarion . . .
¿qué diablos voy a hacer yo con un planeta?

10   El astrónomo rio, casi jovialmente.

—¡Vamos, don Nicébulo, que tiene usted sus salidas de
bromista! Conque . . . ¿qué va a hacer con un planeta tres
veces más grande que éste que habitamos? . . . ¡Caramba-
las! . . . Stardoindwetz,[5] Mussonovitz, Winkpland o cual-
15 quier otro sabio menos autorizado que usted, daría toda su
fortuna por una adquisición como ésta! . . . Todo será cosa
de cambiarle el nombre de Camilarión que le he dado . . .
y lo llamaremos *Nicébulus* . . . por una bicoca, don Nicébulo, por una miseria: ¡solamente mil pesos!

20   Iba ya a contestar el gerente, cuando nuevamente asomó la
cabeza del portero.

—Una señorita envía esta tarjeta . . . Dice que espera
respuesta.

La tarjeta contenía solamente un nombre, en bellos tipos
25 góticos: ALICIA. Y al reverso, la siguiente frase, escrita a lápiz:
"Señor gerente: vengo en busca de mi pobre tío. Permítame
entrar."

Don Nicébulo se echó la tarjeta al bolsillo, y ordenó.

—¡Que pase!

30   Momentos después trasponía° la puerta una espléndida rubia. ¡Qué ojos, qué cutis, qué boca, qué cuerpo, qué divinidad
de mujer! Don Nicébulo, como cualquier astrónomo, se quedó viendo estrellas.

trasponía la puerta, *crossed the threshold*

—¡Ah, mi incomparable sobrina Alicia!—dijo el sabio—. Me place verte por aquí, hija . . . ¿Sabes? Le estoy vendiendo mi satélite a don Nicébulo . . . ¡Mil pesos solamente!

—¡Muy barato, tío!—dijo ella, con la más seductora entonación de voz que sea de imaginar—. Y volviéndose al gerente, que la miraba alelado, le dijo, entre una sonrisa de ángel, mientras le hacía un guiño encantador:

—¿No le parece muy barato, señor gerente?

—¡Naturalmente, señorita!—respondió don Nicébulo, bañado en agua de rosas—. Un astro como ése . . . un astro como usted . . .

—¡Bueno, mi viejo!—atajó bruscamente el astrónomo—si le parece tan barato . . . ¡a desembuchar los mil patacones![6]

Ante aquel violento cambio de voz y de tono, el gerente se volvió, más que sobresaltado. El sabio había modificado su aspecto. Por primera vez advirtió don Nicébulo la pelambre negra de los cabellos, en los bajos de la peluca. Y para mejor quedar, el señor Flammarion le apuntaba un revólver.

—¿Qué hubo?[7]—gritó, a su vez, la muchacha, arrimándole al cuerpo la escalofriante punta de un puñal—. ¡Vamos pronto, "mi querido Nicébulo," que la cosa es de afán!

—¡Pero, señor! . . . ¡Pero, señorita! . . .

—Bueno, a abrir[6] inmediatamente esa caja de hierro, o . . .

Momentos después, mientras el revólver de Flammarion apuntaba, la muchacha contaba lo encontrado en la caja.

—Por todo, cuatrocientos pesos—anunció.

—¡Cuatrocientos pesos por un planeta tres veces más grande que la tierra! . . . ¡Carambolas, que es una miseria!—se quejó el sabio—. Y sin detenerse en más consideraciones, agregó:

—¡Vamos a completar con lo que se pueda! Recibe, sobrina, esa estilográfica, que es de oro, y no deja[8] de valer sus cien pesos. Y el reloj de pulsera . . . Y el anillo . . . Y la

argolla . . . Y el tintero y el cenicero esos de plata, que hay
sobre el escritorio . . . Ah, el vestido es de corte inglés, y
creo que no me vendría mal. Conque . . . ¡a quitárselo,[6]
"profesor"!

5   Era inútil hacer resistencia. A las menores dilaciones, la
aguda punta del puñal iniciaba los puyazos. El revólver con-
tinuaba implacablemente apuntado.

Primero el saco, después el chaleco . . .

—La corbata y la camisa también, mi don Nicébulo—or-
10 denó, dulcemente, el astrónomo—. ¡Ambas son de legítima
seda natural!

Siguió la corbata, luego la camisa . . .

—En cuanto a los pantalones, Nicebulito, no te dé pena
conmigo, mi amor—dijo, suavemente, la bella Alicia—. ¡Con
15 estas astronomías de mi tío . . . estoy ya muy acostumbrada
a los "descubrimientos"!

Cayeron los pantalones. Con sus flacuchas° piernas, peludas y torcidas, y su prominente barriga, don Nicébulo se
sentía anonadado en presencia de Alicia. Aquello le dolía
20 más que el mismo saqueo.

—¡Estás encantador así, Nicébulo!—le dijo la muchacha,
con un leve tono apasionado—. Ven conmigo al canapé . . .

El pobre se dejó conducir. Lo hizo sentar en el repujado°
mueble. Colocó un asiento frente a él . . . y delicadamente
25 perfumada, se le sentó[9] muy juntito . . . La pelada rodilla
derecha de don Nicébulo se vio aprisionada entre la morbidez de aquellas deliciosas piernas, suavemente forradas en
tornasoladas medias nylon.

Sacó luego de la cartera un pequeño atomizador, y le dijo:
30   —Te voy a dormir, Nicebulito.

—¿A . . . qué?

—No te asustes, mi bien. Se trata de hacerte respirar un

---

flacuchas, *skinny*   el repujado mueble, *the carved piece of furniture*

gas inofensivo, que te dormirá por espacio de un cuarto de hora . . .

Apoyó una de sus bellas y tibias manos en el desnudo muslo del buen señor y, mirándolo apasionadamente, muy hondo, al fondo de los ojos, le dijo:

—Sé que no me vas a creer, amor mío . . . pero óyeme: hay en ti algo fascinador . . . algo que me llega hasta el fondo del alma . . . y como quizás sea ésta la primera y última vez que nos veamos en la vida . . . quiero hacerte un obsequio.

Y volviéndose a Flammarion, que en aquel momento se ocupaba en doblar cuidadosamente el terno de paño y la camisa, le dijo:

—Tío ¡quiero regalarle a Nicébulo mi cometa *Alisius!*

—¿Estás loca, sobrina? . . . ¡Un cometa cuyo descubrimiento me costó seis meses de trabajo! . . .

—Es inútil que te opongas, tío . . . ¡Mi *Alisius* es para Nicébulo!

Y envolviendo al gerente en una seductora red de sonrisas y de miradas amorosas, le explicó:

—Figúrate, bien mío, que tengo un cometa . . . ¡un cometica, que es una preciosidad! Lo descubrió mi tío por allá en un rincón del cielo . . . más abajo de la Vía Láctea, lo bautizó *Alisius* en honor mío, y me lo regaló. ¡Con su melenita rubia, tan bien peinadita, es una preciosidad mi *Alisius,* Nicébulo! . . . Y ya lo sabes, amor: ¡es tuyo!

—¡He dicho que no, sobrina!

—¡He dicho que sí, tío!

El atomizador empezó a funcionar en la nariz del atontado don Nicébulo. La discusión sobre si se le regalaba o no el cometa *Alisius* se fue haciendo vaga y remota a sus oídos. Los ojos, los labios, el busto y las piernas de la rubia se fueron esfumando también en una deliciosa lejanía . . . Y se quedó dormido.

Al despertar se halló con que, naturalmente, estaba solo. Miró el reloj de pared. Apenas si había dormido quince minutos. Mientras se restregaba los ojos, dijo, maquinalmente:

—¡Qué mujer aquella, Dios mío! . . . ¡Qué mujer!

5 Pero casi inmediatamente, ya un poco más dentro de la realidad, estalló:

—¡Ah, miserables!

Se incorporó, y empezó a pasearse por el salón, como una fiera enjaulada. A medida que iba recordando todo lo per-10 dido—dinero, estilográfica, vestidos, anillos, reloj, etc.—prorrumpía en improperios°:

—¡Los muy canallas! . . . ¡Los muy bribones! . . . ¡Los muy perros! . . .

Pero, súbitamente, le vinieron un recuerdo y una idea. Se 15 detuvo en la mitad del salón. El candelabro eléctrico del escritorio estampaba en el muro la estrafalaria sombra de sus piernas torcidas y peludas y su prominente barriga. Cruzó los brazos y, llevándose cavilosamente° una mano a la barbilla, se dijo:

20 —Me dormí sin saber al fin si el viejo Flammarion aceptó o no que la muchacha . . . ¡me regalara el cometa *Alisius*! . . .

Ipna su guapna. Cuentos y piedras filosofales, 1945

improperios, *insults*   cavilosamente, *thoughtfully*

FABIO FIALLO[1]
DOMINICANO   1866–1942
ALAS ROTAS

¿La cárcel?—Sí; muy triste,
como cualquier recinto
en donde tú, mi amada,
no estés siempre conmigo.

¿Que si a la oscura cárcel
vinieras?—Amor mío,
¡sólo el pensarlo cambia
mi celda en paraíso!

HERNANDO TÉLLEZ

COLOMBIANO   1908 – 1966

ESSAYIST, critic, journalist, business executive, active supporter of liberal causes, Hernando Téllez was also the author of excellent short stories. *Cenizas para el viento* reflects the political struggles between the liberals and conservatives in twentieth-century Colombia. Against this backdrop of conflict we witness the heroism of a Colombian farm family.

Cenizas para el viento

El hombre tenía un aire cordialmente siniestro. Hacía[1] por
lo menos un cuarto de hora que trataba de explicarse, sin
conseguirlo. Estaba sentado sobre un gran tronco de árbol, a
la entrada de la casa. No se había quitado el sucio sombrero,
un fieltro barato de color carmelita, y mantenía los ojos ba- 5
jos, al hablar. Juan lo conocía bien. Era el hijo de Simón Arévalo y de la señora Laura. Un chico muy inquieto desde el
comienzo. Pero no tanto como para suponer lo que se decía
que estaba haciendo en la región, con viejos y buenos amigos
de sus padres. Juan no lo creía, pero ahora . . . "Es mejor 10
que se vayan," repitió el hombre, con la mirada en el suelo,
sin levantar la cabeza. Juan no respondió. Se hallaba de pie,
a un metro de distancia del visitante. El día se presentaba
hosco, con nubes de plomo y una evidente amenaza de lluvias. Hacía bochorno. Juan miraba los campos por encima, 15
más allá del sombrero del visitante: verdes, amarillos, paji-

zos, otra vez verdes, un verde más intenso que los otros, y
luego un verde desleído. El valle se veía bien desde ese sitio.
Era un buen sitio para verlo ondeante, verdeante con todas
sus espigas, cuando el viento soplaba. "¿Quién está ahí?" La
5 voz de su mujer, lanzada desde la cocina, le llegó aguda y
clara. No respondió. El visitante seguía con la cabeza baja.
Y con uno de los pies, forrado en un zapato polvoriento,
amontonaba contra el otro un poco de tierra fina, hasta formar un montoncito que luego apisonaba° con la suela cuida-
10 dosamente. "Lo mejor es que se vayan," repitió, levantando
esta vez la cara. Juan lo miró. Y pensó que, sin duda, se pare-
cía² mucho al padre, salvo los ojos, color de hoja de tabaco,
iguales a los de Laura.

"¿Quién está ahí?" repitió la voz, ya más cercana. Y en la
15 puerta que daba al corredor de entrada, apareció Carmen con
el chiquillo en los brazos. El hombre se levantó del tronco
del árbol y maquinalmente se pasó una de las manos por las
asentaderas.° Luego se quitó el fieltro. Salieron a relucir unos
cabellos negros, espesos y alborotados. Parecía como si el peine
20 no hubiera pasado por ahí en mucho tiempo. "Buenos días,
señora Carmen," dijo. El chiquillo jugaba con el cuello de
la madre, tratando de hundir los dedos en esa blandura. Era
una criatura de meses que olía fuertemente a leche de mujer
y a pañal sucio.

25 Juan no decía nada. Y el hombre se hallaba visiblemente
desconcertado. Por unos segundos se pudo oír, perfecto, el silencio de los campos y en medio de ese silencio, los ruidos,
siempre confusos, siempre latentes de la naturaleza. El valle
palpitaba, intacto, bajo la hosca mañana. "Pero ya vendrá el
30 sol," pensaba Juan. "Bueno, ya me voy," dijo el visitante. Se
despidieron. Carmen quedó silenciosa, mirando a su marido.
El hombre se puso otra vez el fieltro, les volvió la espalda,

---

apisonaba con la suela, *he pressed down with his sole*
las asentaderas, *the seat of his pants*

caminó sin prisa y, al llegar a la puerta de talanquera—diez, quince metros más allá de la casa—, la abrió con cuidado, produciendo, a pesar de todo, el quejido característico de los goznes sin aceitar,³ unos goznes ordinarios hechos en la herrería del pueblo.

"Debían irse." ¿Por qué? El hijo de Simón Arévalo y de la difunta Laura había gastado casi media hora tratando de explicarlo. Pero ¡qué confuso había estado! Esas cosas de la autoridad y de la política siempre eran complicadas. Y el hijo de Simón Arévalo tampoco las sabía bien a pesar de que ahora andaba en tratos con los de la autoridad, haciéndole mandados a la autoridad. "El muy bellaco," pensó Juan. "Dijo que si no nos íbamos antes de una semana vendrían para echarnos." "Tendrán que matarnos," respondió Carmen. "Eso le dije," remató Juan, completamente sombrío. No hablaron más. Carmen se fue para la cocina, siempre con el chiquillo en los brazos, y Juan quedó otra vez solo, plantado como un árbol, frente a su casa.

La vereda era pobre y la casa de Juan y el campo que la rodeaba no valían ciertamente la pena de que las autoridades se ocuparan de ella. No les iban a servir para nada: unos cuadros de maíz, unas manchitas de papa, un cuadrilátero de legumbres y un chorro de agua que bajaba, a Dios gracias, decía Carmen, desde la propiedad, esa sí grande y rica, de los señores Hurtado. ¡Y la casa! Mitad rancho y mitad casa. Juan pensaba que si se la quitaban la autoridad tendría que acabar de pagar la deuda de los pesos que le prestaron años atrás para hacer la cocina y el pozo séptico. ¿Pero,⁴ si era cierto como lo dijo el hijo de Simón Arévalo que ellos tenían que irse de allí? Claro que él había votado en las últimas elecciones. ¿Y qué? ¿No habían votado también los demás? Los unos de un lado. Los otros del otro. Y todos en paz. El que gana, gana. Y el que pierde, pierde. Juan soltó una carcajada. "Este quería asustarme." Pero no. Recordó que una semana

antes había estado en el pueblo. Una cosa le llamó la atención: algunos guardias, además del fusil, llevaban en la mano
un rebenque.° ¿El fusil? vaya.⁵ ¿Pero el látigo? Juan cavilaba.
La autoridad con el látigo en la mano le daba miedo. Además
5 él notaba en las gentes algo extraño. En la tienda de don
Rómulo Linares no le quisieron vender aceite. Le dijeron
que se había acabado. Pero el aceite estaba ahí, goteando,
espeso, brillante, de la negra caneca al embudo y del embudo
a una botella, detrás del mostrador. No dijo nada porque don
10 Rómulo le hizo una cara terrible y a él no le gustaba andar
de pendencia con nadie. Por el mercado se paseaban cuatro
guardias. Pero no había mucha gente. El compró algunas
cosillas: una olla de barro, un pan de jabón y unas alpargatas.
Luego entró a la farmacia por una caja de vaselina perfumada
15 y un paquete de algodón. El señor Benavides, muy amable
pero con cierto aire de misterio, le preguntó: "¿Por allá no
ha pasado nada todavía?" Y cuando Juan iba a responderle,
el señor Benavides le hizo señas de que se callara. Entró un
guardia y detrás, precisamente, el hijo de Simón Arévalo. El
20 guardia golpeó con el rebenque la madera del mostrador. El
señor Benavides se puso un poco pálido y envolvió de prisa
la compra de Juan. "¿Qué hay por aquí?" dijo el guardia.
Arévalo reconoció a Juan. Pero lo miró como si no lo cono-
ciera. El guardia no le dio tiempo al señor Benavides para con-
25 testar. Se volvió a Juan, y haciendo sonar el látigo contra sus
propios pantalones le dijo: "¿Y usted también es de los que
están resistiendo?" Juan debió⁶ de haber palidecido como
Benavides porque sentía que el corazón le saltaba en el pecho.
Hubiera querido abofetear al guardia, pues no era cosa⁷ de
30 que un guardia, sin más ni más, hablara así a un hombre
pacífico que estaba comprando, sin molestar a nadie, una caja
de vaselina y un paquete de algodón donde⁸ el señor Benavides. Arévalo intervino: "Sí, es de los rojos, de aquí cerca,

rebenque, *whip*

de la vereda de las Tres Espigas." Juan parecía como clavado
al piso y miraba, sin poder apartar los ojos, el pequeño trozo
de guayacán perforado en uno de los extremos, por donde
pasaban los ramales° del látigo. El guayacán parecía un largo
dedo con las coyunturas° abultadas por el reumatismo. Y el 5
látigo seguía sonando contra la tela basta, color de cobre, de
los pantalones del uniforme. "Ajá, ajá," gruñó insidioso el
guardia. "Pero es de los tranquilos, yo lo conozco," cortó
Arévalo. El rebenque dejó de frotar la tela. "Ya veremos. Ya
veremos, porque todos son unos hijoe[9] . . . madres," y se le 10
abrió al guardia en la mitad de la cara una risa sardónica.
"Aquí[10] se acabaron las carcajadas, oyó, Benavides? Y usted
también."

Salieron. Juan sentía seca la boca. Tomó el paquete de
encima del mostrador, buscó las monedas en el bolsillo para 15
pagar cuarenta y cinco centavos, y se despidió del señor Benavides, a quien todavía le temblaban las manos y seguía pálido
como un hombre atacado súbitamente por un calambre en
el estómago.

Pero ahora la amenaza tomaba cuerpo en la persona del 20
hijo de Simón Arévalo. Y Juan recordaba que Simón Arévalo
había sido su amigo. Y que este mismo muchacho no parecía
tan malo. Sólo que le gustaba andar discutiendo aquí y allá,
por todas partes, de esas cosas tan enredadas y difíciles de la
política. ¿Pero en qué estaba ahora? Si se hubiera metido a 25
guardia, muy bien. Pero no llevaba uniforme. Desde cuando
se pusieron tan mal las cosas, Arévalo era el gran amigo de la
autoridad. En el pueblo le dijeron que no salía de donde[8] el
Alcalde y que con los guardias trasegaba, mano a mano, las
copas. Un sostén de la autoridad. Eso seguramente era Aré- 30
valo. Un sostén que tenía la ventaja de conocer a todo el
mundo, en cinco, tal vez en diez leguas a la redonda. ¡Qué
gracia! Si Arévalo había nacido allí como Simón, su padre y

los ramales, *the thongs*　　　　coyunturas abultadas, *joints swollen*

como el padre de Simón, su abuelo. ¡Qué gracia! Si había ido
a la escuela del pueblo, con la pata° al suelo, como él mismo,
y con la pata al suelo, también como él, había corrido por
todos esos campos, aprendiendo el nombre de todos los due-
5 ños y arrendatarios y aparceros y peones, trabajando aquí,
trabajando allá hasta cuando estuvo crecidito y se hizo hombre de zapatos y de sombrero fieltro y se quedó a vivir en la
localidad.

*   *   *

Los disparos despertaron primero a Carmen, luego a Juan
10 y, finalmente, el niño se echó a llorar. Estaba amaneciendo,
porque las cosas en la habitación se distinguían muy bien.
Juan, al saltar de la cama, calculó la hora: las cinco de la
mañana. Los disparos volvieron a oírse, pero más próximos.
Terminó de ponerse los pantalones, apretó la hebilla del cin-
15 turón y se precipitó a la puerta. Había calculado bien la hora:
una claridad lechosa caía del cielo sobre los campos. "Sí, son
las cinco. Hará un buen día," pensó, sin darse cuenta. La
puerta de talanquera anunció con sus goznes que alguien entraba. Pasaron dos hombres. Juan los reconoció desde lejos:
20 uno, Arévalo, y, el otro, el guardia del rebenque, el que lo
había encarado en la botica del señor Benavides. ¿Entonces
resultaba cierta la amenaza de Arévalo? Doce días habían
pasado desde la visita. Y Juan pensaba que todo estaba en
orden. "Una semana, váyanse dentro de una semana. Es me-
25 jor para ustedes. De lo contrario . . ." Y ahí llegaba otra vez
Arévalo, pero ahora acompañado de la autoridad.
El guardia echó otro tiro al aire, al acercarse a Juan. "¿Sue-
na bien, no?" dijo "y sonarán mañana muchos más, si a esta
hora no se han largado de aquí. ¿Entienden?" Rastrilló de
30 nuevo la pistola y apuntó a lo lejos, hacia las esbeltas espigas
de maíz, por divertirse, por puro juego. Arévalo estaba cabiz-

con la pata al suelo, *barefooted*

bajo. No miraba a Juan, ni a Carmen quien había salido corriendo para ver qué pasaba. "Ya lo saben, a largarse, a largarse pronto." Acomodó la pistola entre la cartuchera, cogió del brazo a Arévalo y volteó la espalda. Hasta[11] ese momento Juan comprendió que el aliento del guardia apestaba a aguardiente.

* * *

Todos cumplieron: Arévalo y la autoridad, Juan y Carmen y el niño. La casa ardió fácilmente, con alegre chisporroteo de paja seca, de leña bien curada, de trastos viejos. Tal vez durante dos horas. Acaso tres. Y como un vientecillo fresco se había levantado del norte y acuciaba las llamas, aquello parecía una fiesta de feria, en la plaza del pueblo. Una gigantesca vaca-loca. El guardia del rebenque saltaba de gozo, mucho más entusiasmado, desde luego, que sus cuatro compañeros y que Arévalo, venidos para constatar si Juan Martínez se había ido o si oponía resistencia.

Cuando regresaron al pueblo, se detuvieron en la tienda de Linares. Ahí estaba el alcalde recostado deliciosamente contra los bultos de maíz.

"¿Cómo les fue?" "Bien, señor alcalde," respondió Arévalo, taciturno. "¿Martínez se había ido?" "No," dijo el del rebenque, "cometieron la estupidez de trancar las puertas y quedarse adentro, y, usted comprende, no había tiempo que perder . . ."

El aceite seguía goteando de la caneca al embudo y del embudo a la botella.

Cenizas para el viento y otras historias, 1950

ENRIQUE ANDERSON IMBERT

ARGENTINO 1910 –

ANDERSON IMBERT began his literary career with *Vigilia,* a novel that won the Buenos Aires Premio Municipal de Literatura in 1934. He has continued to write novels and short stories ever since, even though his principal activity has been that of an historian and critic of Spanish and Spanish-American literature. He has held professorships in these fields in his native Argentina and in the United States. *La bala cansada,* which appeared in the collection *El grimorio* (1961), consists of three interwoven stories whose unity is found in the singular character of Jorge Greb.

La bala cansada

(Lugar, una plaza de barrio en Buenos Aires. Época, la dictadura de Perón.[1] Estudiantes—socialistas en su mayoría—empiezan a llegar de distintas direcciones. Vienen de uno en uno. A lo más, de a dos. Evitan formar grupos. No se hablan. Como si no se conocieran. Apenas si se tocan con 5 unas rápidas ojeadas de inteligencia. Mirarse, lo° que es mirarse cara a cara, no. A las miradas no las pueden gastar: las necesitan todas para ver si hay policías. Escondidos entre las ropas traen volantes de propaganda antiperonista. A las seis en punto—todo está organizado—iniciarán la "manifesta- 10 ción relámpago." El primer grito será: "¡Libertad!" Entretanto, disimulan. Se sientan en los bancos de la plaza y abren una revista. O pasean por los senderos del jardín. O se paran en las esquinas, como esperando el tranvía; o en las puertas de las casas, como si vivieran allí. O fingen que les atraen las 15 vidrieras de las tiendas. Algunos aguardan en el cine. Otros,

lo que es mirarse, *really look at each other*

en la iglesita del barrio. Otros, en los cafés. Otros, en la Biblioteca Municipal.

La Biblioteca es modesta: cuatro paredes blancas, un solo piso. El único lujo de esa gran caja de zapatos olvidada en la
5 vereda es un ventanal. Por ahí es que el bibliotecario está ahora contemplando, en el centro de la plaza, la estatua de un caballo engarabitado° con un general encima.

El bibliotecario: Jorge Greb.)

Un bibliotecario debe poner los libros en manos del pú-
10 blico, y esto era justamente lo que a Jorge Greb le fastidiaba. Sus obligaciones para con los libros las cumplía a las mil maravillas: encargarlos, catalogarlos, cuidarlos. Sus obligaciones para con los lectores, no tanto. En el fondo procedía como si la biblioteca fuese suya: biblioteca privada, no pú-
15 blica. Al público lo atendía. ¡Qué iba a hacer! Para eso le pagaban. Lo atendía, sin embargo, con desgano. A reglamento. Todo muy seco, muy terminante. Sacaba el libro del estante, anotaba la fecha del préstamo, estampaba un sello sobre la ficha y sanseacabó.° El socio 157 venía a buscar el libro
20 AF.345. Que ese socio se llamase Manuel Rodríguez o Pedro González ¿qué le importaba? Es que a Jorge Greb no le importaban los hombres, por muy socios[2] de la biblioteca que fueran. Los despreciaba, los ignoraba. Hombres, ¡bah! Valen menos que los libros. Lo que él quería era estar a solas con
25 los libros. Y leer. Si nadie viniera a la biblioteca (y, naturalmente, si le siguieran pagando el sueldo de bibliotecario) ¡qué felicidad! Lo dicho: que procedía como si la biblioteca fuera suya. Sólo que le sobraban libros. De los que llenaban las estanterías hasta el techo, leía unos pocos, y estos pocos
30 eran todos, todos ellos 'sin excepción, novelas y cuentos de detectives. Los tenía aparte, fuera de la clasificación decimal, en la pared del fondo, colocados por el orden alfabético de sus autores. Unicamente a esos libros los consideraba como a personas bautizadas. Libros con nombres, no con números.

engarabitado, *rearing*   sanseacabó, *that was that*

Una biblioteca de barrio suele tener algo de ateneo y de tertulia. No la de Jorge Greb. Esos lectores desocupados, solitarios, aburridos que caen³ como quien no quiere la cosa a leer revistas o a hojear libros pero que, en verdad, buscan amistad y conversación, encontraban un bibliotecario evasivo. Frío como un pez, solemne como un pez.

(En la plaza, alrededor de la plaza, esperan los jóvenes. Ya falta poco para las seis. Los nervios, tensos, a punto de estallar. Nervios de reloj despertador, de bomba de tiempo. Todo el resto del mundo que no está tocado por esos nervios a horario es pura estupidez. Estúpidas las nubes. Estúpidas las flores. Estúpidos los pájaros. Estúpido ese perro que pasa. Estúpido ese hombre con la cabeza pegada a los vidrios del ventanal de la biblioteca.
Es Jorge Greb, boqueando° como un pez.)

Jorge Greb parecía estúpido. Parecía, nada más. Lo que pasaba es que su cuerpo le funcionaba mal. Sobre huesitos de flaco se había ido formando ese gordo. Cuarentón blando y fofo° que ni siquiera podía dar la mano porque le fallaban los músculos del apretón. Carnes muy blancas, de bebé, de mujer, de eunuco. Apenas si un reflejo azulado, en el mentón, prometía la posibilidad de una barba. Ojos de sonso. Perdían el foco y bizqueaban.° En la cara le hervían los tics. Respiraba con ronquidos. Tartamudeaba. ¿Qué enfermedad le estaba subiendo por el cuerpo, en marejada sucia? Pero no era estúpido. Lo parecía, no más: y su espíritu, por oculto⁴ que estuviese, era el de un intelectual puro. La vida, la realidad le disgustaban. ("Que los cerdos, si quieren, se revuelquen en el fango.") Le disgustaba, asimismo, la literatura comprometida con la vida y la realidad. ("¿Qué se gana con poner un espejo en el chiquero°?") Su inteligencia prefería el juego gratuito.

boqueando, *gaping*   bizqueaban, *crossed*
fofo, *spongy*   chiquero, *pigsty*

La cabeza no le daba ni para la Filosofía ni para las Matemáticas ni para las Ciencias pero, sin saberlo, Jorge Greb llevaba la cabeza torcida hacia ese lado. No podía encajar la caótica masa de hechos en una sola fórmula, pero calmaba
5 ese prurito de rigidez leyendo a Chesterton,[5] Dorothy Sayers o John Dickson Carr. Pensaba con Auguste Dupin, Sherlock Holmes, Peter Wimsey o Isidro Parodi como otros piensan con Platón, Spinoza, Leibniz, Einstein, Bertrand Russell o Carnap. ¡Qué le vamos a hacer! A falta de pan,[6] buenas son
10 tortas. Y Jorge Greb almorzaba su torta encaramado en una de las ramas más irrisorias° del árbol de las ciencias puras: la novela de detectives. Cada novela era una charada, un enigma, un rompecabezas con la espléndida solución que ponía coherencia en la confusión.
15   En las novelas de detectives admiraba su trama intelectual. Eran sistemas en los que se había suprimido la arbitrariedad. Cada novela, un orbe cerrado, desligado del mundo. Es verdad que por los corredores interiores de esos orbes cerrados andaban figuras vagamente humanas. Personajes, situaciones,
20 circunstancias . . . Pero ¿quién se va a interesar en eso? ¡Si es pura apariencia! En una novela de detectives los hombres no son hombres, sino conceptos. Y la acción no es acción, sino el desplazamiento—regulado por las leyes de un juego inalterable—de figurillas simbólicas sobre un tablero de aje-
25 drez. Simulacro de vida, nada más. Lo que hay de humano en las novelas de detectives es eso: un mero simulacro. Tomar en serio las alusiones a la realidad es no saber leer. Tan absurdo como si al lavarnos las manos con un jabón que tiene forma de elefante creyéramos que nos estamos lavando las
30 manos con un elefante. ¡Qué revancha° contra los hombres se tomaba Jorge Greb al leer sus novelas! Porque en esas novelas, donde todo era hipotético, los hombres no contaban. Pues[7] qué: ¿los hombres de carne y hueso, únicos, reales,

irrisorias, *laughable*   revancha, *revenge*

concretos, cuentan acaso en la confección de mapas, estadísticas o leyes? No, claro que no. Del mismo modo, la novela
de detectives, con su rigor trigonométrico, eliminaba a todos
los hombres. Para lectores distraídos el asunto de una novela
de detectives podrá ser el asesinato de un hombre, pero para 5
Jorge Greb una novela de detectives asesinaba a todos los
hombres, en el sentido de que los eliminaba.

(Y de buena gana hubiese eliminado Jorge Greb a este
hombre que entró en la biblioteca y le preguntó si había
teléfono.   10
—Esta es una bi . . . blioteca—había dicho Jorge Greb—.
El te . . . te . . . teléfono no es pu . . . público.
Pero el hombre, sin decir más, arrojó una mirada sobre el
escritorio, descubrió el teléfono, lo cogió y llamó a la policía:
—Comuníqueme[8] con Galindo . . . ¿Galindo? Soy yo,   15
Parpagnoli, che. ¿Qué tal? Mirá,[8] te hablaba para decirte que
aquí va a haber lío . . . Sí, los estudiantes. Se están concen-
trando. Traman algo . . . Y . . . yo salía de casa y al cruzar
la plaza . . . Sí, aquí nomás, frente a casa . . . Mandá[8] gente . . . Sí, en seguida . . . Bueno. Macanudo. Chao.   20
Colgó y, sin decir gracias, se fue.
Jorge Greb lo vio alejarse hacia la esquina. ¡Cómo odiaba
a esos matones! Pero ¿no eran atropelladores todos los hombres? Todos, todos, hasta los recién nacidos, tenían la agresividad de la vida bruta.)   25

El resentimiento de Jorge Greb contra el hermano hombre, contra la sociedad de la que se sentía desterrado, contra
la naturaleza que no podía gozar, descansaba al leer esas novelas de detectives, deshumanizadas, frías, vacías y gratui-
tas. Algunas de esas novelas le parecían todavía demasiado 30
contaminadas de humanidad. Apartaba con desdén las im-
posturas de los subgéneros: novelas de aventuras, novelas
policiales, novelas de brutalidad y lujuria, como las de Sax
Rohmer,[9] Dashiell Hammett, James Hadley Chase, James
M. Cain, Mickey Spillane. Los detectives de esas novelas espu- 35

rias no buscaban la verdad con denuedo° teórico, sino que
se sumaban impetuosamente al fárrago° de los acontecimien-
tos. En vez de despejar° la incógnita con el análisis y la
deducción, averiguaban las cosas a puñetazos o con el sexo.
5 ¡Qué impureza! Como si en un orden matemático los loga-
ritmos y sinusoides de súbito sintieran pujos de vivir, o como
si la hipotenusa, en el teorema de Pitágoras,[10] olvidándose
que su función es demostrar una relación necesaria, se acos-
tara con los catetos.° Y Jorge Greb comprendía con tristeza
10 que el gran género de la novela de detectives estaba agotán-
dose. Había tenido un siglo glorioso, desde que Poe[11] lo inventó, pero ahora estaba extinguiéndose, dejando sólo una
estela° de clásicos ya inimitables. La descripción de paisajes,
algún intento de análisis psicológico, esta o aquella reflexión
15 sociológica, los diálogos que querían ser realistas, los motivos
del amor, los celos, la envidia, la codicia, etc., le molestaban
como excrecencias. Él iba, derechamente, a la desnuda morfología del crimen. Por eso, cuando escribía (porque Jorge Greb
escribía, aunque para él solito), no eran novelas, sino cuentos
20 de detectives. La forma breve, descarnada y rápida de esos
cartabones° se prestaba mejor a sus artificios. Al escribir sus
cuentos se vengaba de la realidad, obliterándola.

(Las seis de la tarde. Los nervios dan la hora. Tan-tan-
tan-tan-tan-tan. Y el gran escándalo del reloj despertador y
25 de la bomba de tiempo. Se ha disparado el resorte. Jóvenes
salen de todas partes. Se juntan. Avanzan hacia la estatua y
empiezan a gritar: "¡Libertad, libertad, libertad!" Inundación humana. Todas las bocas son una boca, abierta, honda
y rugiente. Todas las cabezas son una ondulación continua.
30 Todos los brazos son espumas del mismo oleaje. Todos los
ojos son un solo brillo, en lo alto de esa masa líquida que

denuedo, *daring*   los catetos, *the other two sides*
fárrago, *hodgepodge*   estela, *wake*
despejar, *clear up*   cartabón, *draftsman's triangle*

inunda la plaza. Los muchachos van sacando los panfletos
escondidos y los reparten entre los transeúntes. Transeúntes
sorprendidos. Transeúntes atemorizados. Transeúntes que
aceleran el paso para alejarse o para sumarse a la manifestación. Uno de los muchachos se encarama al pedestal y arenga   5
a la multitud. Manos gesticulantes. Rostros encendidos. Vivas y mueras.° Aplausos. "¡Libertad, libertad, libertad!"

Jorge Greb, que estaba mirando por la ventana, se volvió
hacia la sala para imponer silencio: eran unos jóvenes, que
cerraron ruidosamente los libros, gritaron "¡libertad!" y se   10
precipitaron hacia la puerta, atropellando las sillas.

—¡Chis! ¡Chis! ¡Qué barbaridad! ¡Chis! ¡Por favor, silencio! ¡Eh, cui . . . cuidado! Tengan cui . . . cuidado.

Ya han salido. Los vio atravesar la calle, a la carrera, y perderse en la concentración.   15

¡Qué barbaridad! No se respetan ni las bibliotecas. Otra
manifestación política. ¡Hasta cuándo! ¡Qué país, qué país!

Se retiró con disgusto de la ventana, fue a su escritorio, se
sentó y se puso a leer *El caso del cadáver en triplicado*.

(De pronto, un carro de policías por un lado. Un escua-   20
drón a caballo por otro. Hombres torvos, vestidos de civil,
pero armados por la policía, rompen la reunión. "¡Perón, Perón, Perón!" "¡Alpargatas[12] sí, libros no!" Golpes.
Desbande. Suenan unos tiros. "¡Viva la libertad!" "¡Viva
Perón!" Los cosacos, desde sus caballos, fustigan° a los estu-   25
diantes. Otros policías los empujan, los meten presos en los
carros. Rostros con máscaras de sangre. Arrastran a un desmayado. Un escaparate estalló en una carcajada de loco, y
la grupa de un alazán seguía metiendo un muchacho en esa
risa de vidrios. Una cortina metálica que cayó rápidamente   30
y una rápida frenada de un tranvía se entendieron ·en el
mismo idioma. Bajaba una punta del griterío aquí, pero se
levantaba otra punta más allá. Algunas puertas se cerraron
con violencia. Otras se quedaron con los zaguanes atragan-

vivas y mueras, *hurrahs and catcalls*   fustigan, *lash out*

tados de cuerpos. Resbaladas de herraduras sobre el adoquinado. Con chispas y todo. Un chico se ha trepado a las ramas
de un tilo: lo bajan de un sablazo. Cada cara es diferente, y
todo es una sola ola juvenil; pero hay ratas, ratas de uni-
5 forme, ratas sin uniforme, ratas armadas, ratas de albañal,°
grandes, oscuras, peludas, hinchadas, movedizas, implacables,
abyectas, con los ojos negros y atisbones. Piensan "Haga patria,[13] mate un estudiante por día" y gritan "¡Viva Perón!")

Jorge Greb oía los gritos, el tiroteo, como si nada. ¡Qué
10 vergüenza! En su barrio, frente a su biblioteca . . . Ya no
hay respeto para nada. ¡Qué país! Estampida de ganado humano. Bestias, bestias, bestias . . . Y se llaman estudiantes.
¡Qué país! Hay que[14] meterlo en cintura. Orden, más orden
es lo que se necesita. ¡Qué país! ¡Qué porquería!
15 Por principio se quedó sentado, leyendo. Por lo menos en
su conciencia iba a suprimir el desorden. El no prestar atención al desorden era ya un modo de ordenar el mundo. Pero
tuvo que ponerse de pie porque la gente, huyendo de la caballada, empezó a refugiarse en la biblioteca.
20 —¿Qué . . . qué . . . qué es esto, qué es esto, se . . . señores? Estamos . . . mos . . . estamos en . . . en la bi . . .
biblioteca. Si . . . silencio, por fa . . . favor.

(Un muchacho de gran melena, color de paja, y de ojos
clarísimos, de eslavo, lo miró con sorna:
25 —¡Si venimos a leer!—dijo.
Tenía una sonrisa desafiante, un desgarrón en el bolsillo
y un chichón en la frente, manchada de sangre.
Agregó:
—¿No tiene las aventuras de Caperucita° Roja?
30 Algunas personas del grupo refugiado le festejaron la
gracia.
Un señor de edad, que también se había refugiado, se dirigió al joven de la melena y le dijo mirándolo muy serio:
—¿Qué tiene en la frente?

albañal, *gutter*   Caperucita Roja, *Little Red Ridinghood*

—¿En la frente? Nada.—El muchacho se llevó la mano a
la frente y se tocó el chichón y la sangre—.Un chichón. No
es nada.

—Pero ¿no sintió nada?

—¡Como[15] para sentir, con el susto!—y se rio—. Aunque   5
sí, ahora recuerdo. Un golpe. O como una picadura de avispa.
¡Bah! Un bastonazo . . . Habrá sido° un bastonazo. Con el
susto ni lo sentí.

Volvió a reírse. Estaba muy pálido.

Era un chichón raro: no redondo, sino largo.   10

—Permítame—dijo el señor de edad. Y le palpó el chichón—.No. Esto no es un chichón, m'hijo.[16] Es una bala.

—¿Una bala?

—Una bala que habrá rebotado en alguna pared. O una
bala vieja. O una bala cansada. Pero es una bala. Déjeme ver.   15
Sí. Es una bala. ¿No la siente? La bala se le ha quedado entre
la piel y el hueso. Tiene que ir al hospital.

—No. Ni[17] que hablar. Al hospital, no. Me levantarían un
prontuario. Y después me echan de la Facultad.

—Bueno: cualquier médico que lo atienda tendrá que de-   20
nunciar el hecho a la policía. Es un balazo. ¿No tiene algún
médico amigo que le saque la bala sin decir nada? Si no, se
le puede infestar.)

Jorge Greb había mirado distraídamente la frente herida
y ahora, mientras todos rodeaban al muchacho y comentaban   25
animadamente "esa desgracia con suerte," y daban consejos,
y ofrecían ayuda, él se sentó. ¡A escaparse de la vida! ¡A jugar
su juego favorito! Nunca había leído, en sus novelas, un caso
así: una bala alojada en el cuerpo sin que quien la lleva se
dé cuenta de ello.   30

Jorge Greb ya no oía la agitada conversación. Apenas un
rumor insignificante. Las cosas se desvanecían. Perdían relieve, color. Como si toda la realidad fuera reabsorbida por
un sueño. No, más esquemático, más abstracto que eso: como
si el tumulto, los gritos, las cargas de los cosacos, los estu-   35

habrá sido, *it must have been*

diantes chorreando sangre, las corridas y, en fin, la violencia
de esa jornada roja fueran reduciéndose a un teorema de ál-
gebra, a una figura puramente mental. La flúida realidad se
congelaba en formas. Su misantropía lo llevaba a tratar a esos
5 hombres como personajes de ficción, y a los personajes como
cifras. Sea una ciudad X cualquiera; sean A, B y C los tres
vértices de un crimen . . . Víctima, asesino, detective, irrea-
les como los signos algebraicos de un triángulo . . . Sin caridad, sin indignación, sin simpatía, sin tomar partido, sin
10 sentido de la justicia, sin compasión ante el dolor y la muerte,
veía por el ventanal a la policía, batiendo todavía a los estudiantes. Unos muchachos se llevaban al compañero-de-la-bala-
en-la-frente a la casa de un médico socialista. Pero Jorge Greb
ya no estaba allí. Había entrado en un aire de novela de
15 detectives, donde puede haber golpes, y sangre, y muerte,
pero no puede haber sufrimiento porque nada vive, nada es
real. Todo se cerró, como en un recinto fumigado con nubes
de opio. Y Jorge Greb quedó en el centro, como un dios
solipsista.°

20 *El cuento de la bala cansada que está concibiendo Jorge
Greb.*

*Esa tarde primaveral en Buenos Aires es para él, ahora,
una noche de invierno en Chicago, negra, neblinosa, ne-
vada, redonda como una esfera sin comunicación con la vida.*
25 *La sala de la biblioteca se ha transformado, ahora, en una
pieza de hotel: el escritorio, en una mesa de juego; las tar-
jetas de libros, en naipes. Y toda la gente, reducida a tres
entes: A, B y C.*
"A" será un español Amaral, debilucho, nervioso, cortés.
30 *"B" será Bebelberg, un judío norteamericano de vivísimos
ojos azules y gran cabellera de brujo.*
"C" será Cechece, un empleado de Banco, cojo, tristón.
*Amaral y Bebelberg son íntimos amigos, y compinches°
cuando juegan a los naipes. Amaral alquila una pieza de ho-*

solipsista, *selfish*   compinches, *accomplices*

*tel. Esa noche Bebelberg lleva a Cechece para esquilmarlo
al póker. Cechece, al darse cuenta de que le están haciendo
trampa, derriba la mesa y se toma*[18] *a puñetazos con los tahures. En medio de la pelea—sillas, botellas, naipes, dinero,
todo por el suelo—Cechece enarbola su bastón y Amaral saca
su revólver. Cechece le propina un bastonazo en la cabeza a
Bebelberg. Amaral, al mismo tiempo, hace un disparo, que
no voltea a nadie. Cechece huye, perdiendo todo el dinero
que había desfalcado esa mañana en su Banco. Amaral y Bebelberg se quedan poniendo la habitación en orden. Se des-
piden, Bebelberg con la cabeza dolorida por el bastonazo.
Al día siguiente la policía encuentra, flotando en Lake Michigan, el cadáver de Cechece, perforado por un balazo. La
bala entró y salió, pero es inútil buscarla, a orillas de un
lago. En el bolsillo de Cechece, la dirección del hotel y el
número de la pieza. La policía averigua que esa pieza de
hotel ha estado ocupada por Amaral. Lo prenden. Le revisan
el revólver: tiene una cápsula vacía. Lo acusan de haber asesinado a Cechece. Amaral dice que, en efecto, disparó un tiro,
pero que no pegó a nadie. ¿Dónde disparó el tiro? En la
habitación del hotel. La policía inspecciona, palmo a palmo,
la habitación. No se encuentra el plomo en ningún sitio. Se
interroga a Bebelberg, quien defiende a Amaral diciendo la
verdad: hubo, sí, un disparo, pero sin víctima. La policía no
ha encontrado la bala, pero la perforación del balazo es suficiente evidencia. Amaral es condenado. El leal Bebelberg
decide investigar, sin darse cuenta que él lleva en el cuerpo
la bala que podría salvar a Amaral: la lleva entre el cráneo
y el cuero cabelludo, escondida en la maraña del pelo. Al
tocársela ha creído que es el chichón del bastonazo. ¿Y el
cadáver de Cechece? Cechece se suicidó. Revólver, bala,
cuerpo se hundieron en las aguas de Lake Michigan: sólo
el cuerpo volvió a subir, perforado.*

Y mientras la vida aúlla en las calles, Jorge Greb, indiferente, apolítico,° va concibiendo su cuentito policial. Limpia
la intriga de toda intromisión extraña, prepara la sorpresa

apolítico, *uninterested in politics*

del lector, busca el modo de hacer entrar en el cuadro, con
más lógica, la muerte de "C" . . .

Antes de escribir su cuentito, sin embargo, fue citado por
la policía. No supo responder al interrogatorio. Nada. Ni qué
había ocurrido ni quién era el muchacho herido ni adónde
lo llevaron a curarse ni cuántos eran ni cómo hablaban ni
por qué no llamó a los agentes del orden . . . Un policía,
llamado Parpagnoli, lo acusó de negarle el teléfono . . . Lo
inculparon, pues, de haber dado asilo, en la sala de lectura,
a los vendepatrias. Fue destituido. ¡Qué mala suerte! Bueno,
consolémonos: a lo mejor Jorge Greb, cesante, tuvo más tiempo
para terminar su cuentito.

El grimorio, 1961

Poemas

JUANA DE IBARBOUROU *
URUGUAYA 1895 –

LAS CANCIONES DE NATACHA[1]

Se enojó la luna,
se enojó el lucero,
porque esta niñita
riñó con el sueño.

Duérmete, Natacha,
para que la luna
se ponga contenta
y te dé aceitunas.

Duérmete, Natacha,
para que el lucero
te haga una almohadita
de albahaca y romero.

* * *

La loba, la loba
le compró al lobito
un calzón de seda
y un gorro bonito.

* For biographical and other notes on poets and poems, see Notes commencing page 183.

167

La loba, la loba
se fue de paseo
con su traje rico
y su hijito feo.

La loba, la loba
vendrá por aquí,
si esta niña mía
no quiere dormir.

*   *   *

La Señora Luna
le pidió al naranjo
un vestido verde
y un velillo blanco.

La Señora Luna
se quiere casar
con un pajecito
de la casa real.

Duérmete, Natacha,
e irás a la boda
peinada de moño
y en traje de cola.

Sus mejores poemas 1930

GABRIELA MISTRAL

CHILENA   1889 – 1957

MECIENDO[1]

El mar sus millares de olas
mece divino.
Oyendo a los mares amantes
mezo a mi niño.

El viento errabundo en la noche
mece los trigos.
Oyendo a los vientos amantes
mezo a mi niño.

Dios padre sus miles de mundos
mece sin ruido.
Sintiendo su mano en la sombra
mezo a mi niño.

Desolación 1922

LA CUNA[1]

Carpintero, carpintero,
haz la cuna de mi infante:
corta, corta los maderos,
que yo espero palpitante.

Carpintero, carpintero,
baja el pino del repecho,
y lo cortas en la rama
que es tan suave cual mi pecho.

Carpintero ennegrecido,
fuiste, fuiste criatura.
Al recuerdo de tu madre,
labras cunas con dulzura.

Carpintero, carpintero,
mientras yo a mi niño arrullo,
que se duerma en esta noche,
sonrïendo el hijo tuyo.

Ternura 1924

LA NOCHE[1]

Por que duermas, hijo mío,
el ocaso no arde más:
no hay más brillo que el rocío,
más blancura que mi faz.

Por que duermas, hijo mío,
el camino enmudeció:
nadie gime sino el río;
nada existe sino yo.

Se anegó de niebla el llano.
Se encogió el suspiro azul.
Se ha posado como mano
sobre el mundo la quietud.

Yo no sólo fui meciendo
a mi niño en mi cantar:
a la Tierra iba durmiendo
al vaivén del acunar.

Ternura 1924

RUBÉN DARÍO

NICARAGÜENSE   1867 – 1916

A MARGARITA DEBAYLE[1]

Margarita, está linda la mar,
y el viento
lleva esencia sutil de azahar;
yo siento
en el alma una alondra cantar: 5
tu acento.
Margarita, te voy a contar
un cuento.

Este era un rey que tenía
un palacio de diamantes,   10
una tienda hecha del día
y un rebaño de elefantes,

un kiosko de malaquita,
un gran manto de tisú,
y una gentil princesita,   15
tan bonita,
Margarita,
tan bonita como tú.

Una tarde la princesa
vio una estrella aparecer;   20
la princesa era traviesa
y la quiso ir a coger.

171

La quería para hacerla
decorar un prendedor,
25   con un verso y una perla,
y una pluma y una flor.

Las princesas primorosas
se parecen mucho a ti:
cortan lirios, cortan rosas,
30   cortan astros. Son así.

Pues se fue la niña bella,
bajo el cielo y sobre el mar,
a cortar la blanca estrella
que la hacía suspirar.

35   Y siguió camino arriba,
por la luna y más allá;
mas lo malo es que ella iba
sin permiso del papá.

Cuando estuvo ya de vuelta
40   de los parques del Señor,
se miraba toda envuelta
en un dulce resplandor.

Y el rey dijo: "¿Qué te has hecho?
Te he buscado y no te hallé;
45   ¿y qué tienes en el pecho,
que encendido se te ve?"

La princesa no mentía.
Y así, dijo la verdad:
"Fui a cortar la estrella mía
50   a la azul inmensidad."

Y el rey clama: "¿No te he dicho
que el azul no hay que tocar?
¡Qué locura! ¡Qué capricho!
El Señor se va a enojar."

Y dice ella: "No hubo intento;   55
yo me fui no sé por qué;
por las olas y en el viento
fui a la estrella y la corté."

Y el papá dice enojado:
"Un castigo has de tener: 60
vuelve al cielo y lo robado
vas ahora a devolver."

La princesa se entristece
por su dulce flor de luz,
cuando entonces aparece   65
sonrïendo el buen Jesús.

Y así dice: "En mis campiñas
esa rosa le ofrecí:
son mis flores de las niñas
que al soñar piensan en mí."   70

Viste el rey ropas brillantes,
y luego hace desfilar
cuatrocientos elefantes
a la orilla de la mar.

La princesita está bella   75
pues ya tiene el prendedor
en que lucen con la estrella,
verso, perla, pluma y flor.

    Margarita, está linda la mar,
80   y el viento
lleva esencia sutil de azahar:
tu aliento.

    Ya que lejos de mí vas a estar,
guarda, niña, un gentil pensamiento
85   al que un día te quiso contar
un cuento.

Poema del otoño 1910

JORGE CARRERA ANDRADE
ECUATORIANO 1903 –

HA LLOVIDO POR LA NOCHE[1]

Ha llovido por la noche:
las peras están en tierra
y las coles se han quedado
postradas como abadesas.

Todas estas cosas dice
sobre la ventana el pájaro.
El pájaro es el periódico
de la mañana en el campo.

¡Afuera preocupaciones!
Dejemos la cama tibia.
Esta lluvia le ha lavado
como a una col, a la vida.

Registro del mundo 1940

LA VIDA PERFECTA[1]

¡Conejo, hermano tímido, mi maestro y filósofo!
Tu vida me ha enseñado la lección del silencio.
Como en la soledad hallas tu mina de oro,
no te importa la eterna marcha del universo.

Pequeño buscador de la sabiduría,
hojeas como un libro la col humilde y buena,
y observas las maniobras que hacen las golondrinas,
como San Simeón,[2] desde tu oscura cueva.

175

Pídele a tu buen Dios una huerta en el cielo,
una huerta con coles de cristal en la gloria,
un salto de agua dulce para tu hocico tierno
y sobre tu cabeza un vuelo de palomas.

Tú vives en olor de santidad perfecta.
Te tocará el cordón del padre San Francisco
el día de tu muerte. ¡Con tus largas orejas
jugarán en el cielo las almas de los niños!

Rol de la manzana 1935

JOSÉ SANTOS CHOCANO
PERUANO 1875 – 1934

¡QUIÉN SABE[1]!

Indio que asomas a la puerta
de esa tu rústica mansión:
¿para mi sed no tienes agua?
¿para mi frío, cobertor?
¿parco maíz para mi hambre?   5
¿para mi sueño, mal rincón?
¿breve quietud para mi andanza?
        —¡Quién sabe, señor!

Indio que labras con fatiga
tierras que de otros dueños son: 10
¿ignoras tú que deben tuyas
ser, por tu sangre y tu sudor?
¿ignoras tú que audaz codicia,
siglos atrás, te las quitó?
¿ignoras tú que eres el Amo?   15
        —¡Quién sabe, señor!

Indio de frente taciturna
y de pupilas sin fulgor:
¿qué pensamiento es el que escondes
en tu enigmática expresión?   20
¿qué es lo que buscas en tu vida?
¿qué es lo que imploras a tu Dios?
¿qué es lo que sueña tu silencio?
        —¡Quién sabe, señor!

25   ¡Oh raza antigua y misteriosa,
de impenetrable corazón,
que sin gozar ves la alegría
y sin sufrir ves el dolor:
eres augusta como el Ande,
30 el Grande Océano y el Sol!
Ese tu gesto que parece
como de vil resignación
es de una sabia indiferencia
y de un orgullo sin rencor.

35   Corre en mis venas sangre tuya,
y, por tal sangre, si mi Dios
me interrogase qué prefiero
—cruz o laurel, espina o flor,
beso que apague mis suspiros
40 o hiel que colme mi canción—
responderíale dudando:
               —¡Quién sabe, señor!

Tres notas de nuestra alma indígena 1922

Spanish Verse

The pattern of verse in Spanish differs in two ways from that of English verse.

A. In rhyme, assonance is used: only the vowels are considered, beginning with the stressed vowel of the stressed syllable: **violeta** and **tierra, cruz** and **tú, aquí** and **dormir, lucero** and **sueño.**

B. Verses are classified metrically according to the number of syllables. A **verso llano** ends in a **palabra llana** (stress on the next-to-the-last syllable, as in **mano, princesa**). This is the normal line, and the standard for counting syllables. A **verso agudo** ends in a **palabra aguda** (stress on the last syllable, as in **yo, feliz, aparecer**). Such verses have one syllable less than corresponding **versos llanos.** A **verso esdrújulo** ends in a **palabra esdrújula** (stress three syllables from the end, as in **periódico, jóvenes**). Such verses have one syllable more than corresponding **versos llanos.** In verse, two or more vowels in a row, whether in one or more words, almost always count as one syllable; thus, **Vio una estrella aparecer** is a **verso agudo** of seven syllables: **Vio u/na es/tre/lla a/pa/re/cer.**

C. The most frequent type of Spanish verse is the **romance** (ballad), which has lines of eight syllables with the stress on the seventh syllable and with the even lines rhyming in assonance. Examples of **romance** in this book are the **coplas,** Nalé Roxlo's *Nocturno,* Gabriela Mistral's *La cuna* and *La noche,* most of Rubén Darío's *A Margarita Debayle,* Carrera Andrade's *Ha llovido por la noche,* and Lugones' *Tonada.*

Notes, Exercises, Vocabulary

Notes

UNA CARTA A DIOS

1. Adjectives preceded by the neuter article **lo** have the force of nouns, usually vague or abstract: **lo alto,** *the top;* **lo bueno,** *the good part;* **lo único,** *the only thing.*

2. **se veían,** *were seen.* The Spanish reflexive is often used where English uses the passive.

3. The Spanish subject follows the verb not only in questions but often in declarative sentences, especially in subordinate clauses.

4. **Ahora sí que viene el agua,** *NOW the water's coming.* **Sí** or **sí que** is used in Spanish for emphasis.

5. **Dios lo quiera** is short for **Que Dios lo quiera,** *May God grant it.* It is the subjunctive of wishing or hoping.

6. **les gritó a todos,** *shouted to everyone (to them all).* Spanish sometimes uses an object pronoun even when the object is also expressed by a noun or another pronoun. Do not translate this extra pronoun.

7. **Vengan,** *Come.* The third person singular and plural of the present subjunctive are used for formal commands. In Spanish America, the third person plural is commonly used for both intimate and formal commands in the plural.

8. **como lo había dicho Lencho,** *as Lencho had said.* In Spanish, transitive verbs like **decir, preguntar, saber** have an expressed object **lo** where the English equivalent often has no object. Note also the inverted word order; see 3 above.

9. **de sentir,** *of feeling.* After a preposition, English often uses the gerund, but the infinitive must be used in Spanish.

10. **el cuerpo,** *his body.* Spanish uses the definite article with parts of the body, articles of clothing, and other words closely asso-

ciated with persons, where English uses the possessive adjective. Often an indirect object pronoun indicates the person concerned: **me lavó la cara,** *he washed my face.*

11. **al entrar,** *on entering.* **Al** with the infinitive corresponds to *on* or *upon* with the present participle.

12. **Ojalá que pase,** *I do hope (I hope to God) it passes.* **Ojalá** comes from the Arabic and means *May Allah grant.* Like all expressions of desire and emotion, it must be followed by the subjunctive.

13. **Pasada la tempestad,** *The storm (having) passed.* Note the change in word order.

14. The subjunctive is used in clauses that modify negative or indefinite nouns or pronouns.

15. **No te aflijas,** *Don't worry.* All negative commands use forms of the present subjunctive. In most verbs, the intimate command in the affirmative is identical with the third person present indicative: **recuerda,** *remember.*

16. **lo miran todo,** *see everything (it all).* The object pronoun **lo** is used together with the pronoun **todo** when the latter is the object of a verb.

17. **golpecitos,** *little blows, taps.* The diminutive endings **-ito, -cito, -ecito, -illo, -cillo, -ecillo,** which may be attached to nouns, adjectives, and sometimes adverbs, express not only small size but also frequently affection and lack of formality.

18. **pidió dinero a su empleado,** *he asked money from his employee (asked his employee for money).* With **pedir, preguntar, comprar, robar,** Spanish has an indirect object where English has *of* or *from.*

19. **más de,** *more than.* After **más** and **menos** and before words of quantity, **de** corresponds to *than.*

COPLAS POPULARES

1. The **coplas** are usually four lines of verse in **romance** form: lines of eight syllables, with the even lines rhyming in assonance. See the note on Spanish Verse preceding the Notes.

EL SUEÑO DEL TEJEDOR

1. **campanillas,** *little bells.* See *Una carta a Dios,* Note 17.

2. **se le veía,** *was seen.* See *Una carta a Dios,* Note 2.

3. See *Una carta a Dios,* Note 6.

4. See *Una carta a Dios,* Note 18.

5. **anda . . . mano,** *walking on and on, holding his little son by the hand.*

6. **Perdonad.** This is the plural of the imperative mood, used in intimate address. It is formed in all verbs by changing the infinitive **r** to **d.** Compare *Una carta a Dios,* Note 7.

7. **Seas bienvenido,** *May you be welcome.* See *Una carta a Dios,* Note 5.

8. St. Francis of Assisi, who founded in 1209 the Order of St. Francis, a large and widely distributed order of mendicant friars. He is the most beloved of all the saints, for his devotion to God, to man, and to the birds and animals.

9. **Pasa,** *Come in.* See *Una carta a Dios,* Note 15.

10. The preposition **a** is generally used before nouns and many pronouns that refer to persons. Do not translate it.

11. **quien,** which usually means *who,* sometimes, as here, means *he who, the one who.*

12. Guanahaní was the Indian name of the island in the Bahamas that was the first land discovered by Columbus. He renamed it San Salvador. The identity of the island is not now certain, but it is thought to be Watling Island.

13. The subjunctive is used after **como si** and all other expressions of uncertainty.

14. Isabel the Catholic was Queen of Castile, and Ferdinand, her husband, became King of Aragon in 1479. This brought all of Christian, non-Moorish Spain under unified rule for the first time.

15. **e** is used instead of **y** before the sound **i.**

16. **por estar = porque estaba; por tratar = porque trataba.**

NOCHE DE ENERO

1. Arrieta was Professor of European Literature in the Universidad Nacional de La Plata, in Argentina. His poetry is simple and direct, expressed with modern images and language. **Noche de enero** has lines of seven and eleven syllables, with the even lines rhyming in assonance.

2. Remember that a January night in Argentina corresponds to a July night in the northern hemisphere.

LOS TRES CUERVOS

1. **Habrá,** *There must be, there is probably.* The future tense often indicates probability in present time. Probability in past time is often indicated by the conditional or future perfect tense: **iría (habrá ido),** *he probably went, he must have gone.*

2. The subjunctive must be used in clauses depending on verbs of attitude and emotion.

3. **corvus corax, Sarcoranfus,** etc., are the Latin names for various types of crow.

4. **Que venga . . . el sargento Esopo,** *Have Sergeant Aesop come.* Indirect commands are expressed by the subjunctive following **que.**

HISTORIA DE DOS CACHORROS . . .

1. **la cola levantada,** *their tails raised.* If parts of the body, articles of clothing, etc., are singular for each member of a group, Spanish uses the singular where English uses the plural.

2. Spanish uses the subjunctive in time clauses that are future with respect to the main verb.

3. **que no vaya nunca,** *never let him go.* See *Los tres cuervos,* Note 4.

4. **por alto que sea el árbol,** *however tall the tree may be.* The subjunctive is used for uncertainty. Compare *El sueño del tejedor,* Note 13.

5. **hasta quedarse dormido,** *until he fell asleep.* Spanish prefers an infinitive to a subordinate clause when there is no change of subject.

6. **¿Por qué no querrá mamá?** *I wonder why mama doesn't want.* See *Los tres cuervos,* Note 1.

7. See *Los tres cuervos,* Note 2.

8. **¡Qué canto tan fuerte!** *What a loud song!* In exclamations, **tan** or **más** is placed between the noun and a following adjective to strengthen its meaning. Do not translate **tan** or **más**, but note that exclamatory **qué** means *what a.*

9. The ending **-ísimo, ísima,** meaning *very,* is more emphatic than **muy.**

10. **desconsolado,** *disconsolately.* Spanish frequently uses predicate adjectives where English uses adverbs.

11. **se habían encontrado,** *they had found each other.* The reciprocal forms, *each other, one another,* are expressed in Spanish by the reflexive.

12. **Se empuja y se tira,** *One pushes and pulls.* The Spanish reflexive pronouns may correspond to the indefinite subjects, *one, they, people.*

DE MUERTE NATURAL

1. **Descanse en paz, que de Dios goce, and que haya paz su alma** all correspond to *God rest her soul* or *May she rest in peace.*

2. **u** is used instead of **o** before the sound *o.*

3. **entretengo** is an example of the present tense used for the future, a common substitution in Spanish conversation.

4. **si** is often used to give emphasis to a protest.

5. **El haberse llevado,** *The fact that he carried off.*

SOLDADOS MEXICANOS

1. Rafael Estrada was a lawyer, musician, and poet with the clear vision of a painter. **Soldados mexicanos** is rhythmically irregular, with no fixed number of syllables to the line, but it has a

double rhyme in assonance: *abab, cdcd, efef.* It was first published in *Canciones y ensayos,* 1929.

2. **Don Diego** is Diego Rivera (1886–), the Mexican artist who is largely responsible for the revival of mural painting in this century. His murals, boldly conceived and painted, are filled with the figures of Mexican peasants and soldiers.

EL RATONCITO

1. **De ahí . . . oyen,** *That's the origin of that saying about walls that don't hear.*

LA VOZ

1. **me los fue presentando,** *introduced them to me one by one.* **Ir** with the present participle stresses the gradualness of an action.

2. **Para servir a Dios y a usted,** *At God's service and yours.* **Para servir a usted** is a common phrase of courtesy that has here been given a religious turn.

3. **no hay ni que decirlo,** *there's no use even mentioning it.*

4. **que** sometimes replaces **porque,** and it is then translated as *for.*

EL POTRILLO ROANO

1. Exclamations, questions, and indirect statements are often introduced by **que,** which should not be translated.

2. **Qué** here has the force of *what do you mean?*

3. **febrero,** *February,* in the southern hemisphere would correspond to August in the northern hemisphere, since the seasons are reversed.

HE BEBIDO

1. Yolanda Bedregal is one of the most progressive and vital cultural forces in contemporary Bolivia. As teachers, journalists, and creative writers, she and her husband, Guert Cónitzer, have worked tirelessly for stronger intercultural relations in America. **He bebido** was published in *Poetas nuevos de Bolivia,* 1941.

LA PIEDAD DEL CIPRÉS

1. Alfonsina Storni's gentle, melancholy poetry and the classic simplicity of its form have placed her among the most highly honored women poets of Spanish-American literature. **La piedad del ciprés** has eleven-syllable lines, the rhyme-scheme is *abab, cddc,* and the rhyme is not assonance, but full rhyme. The poem was first published in *Languidez,* 1920. The following translation is by Donald Walsh.

> Traveller: this cypress tree that rises
> not far from where you stand and in whose top
> a little bird is singing of its love
> shelters a tender soul beneath its coat.
>
> It lifts itself so high up from the ground
> to offer you a pure and spotless view,
> for if your glance goes upward to its tip,
> you stumble, you a mortal, upon Heaven.

NOCTURNO

1. Conrado Nalé Roxlo is a humorist, a playwright, and one of the major romantic poets of contemporary Argentina. **Nocturno** is in **romance** form. It was first published in *El grillo,* 1923.

CONTRA PEREZA DILIGENCIA

1. The title, which literally means *Against laziness diligence,* would correspond to our proverb *A stitch in time saves nine.*

COLOR

1. José A. Balseiro is not only a fine poet but an eminent literary critic who has taught at several colleges and universities in the United States. **Color** was published in *La pureza cautiva,* 1946. The odd and the even lines rhyme in assonance.

LA CAMISA DE MARGARITA

1. **O de Luis o de Dios,** (*I'll belong*) *either to Louis or to God.*

LUNA NEGRA

1. Negro themes are of great importance in Caribbean poetry, and the Cuban Negro poets Nicolás Guillén and Regino Pedroso rank among the finest Spanish-American poets of this century. Negro poetry has attracted white poets such as the Puerto Rican Luis Palés Matos and the Cuban Vicente Gómez Kemp. **Luna negra** was first published in a volume of poetry of negro theme, *Acento negro,* 1934. It has lines of eight syllables, but no regular rhyme-scheme, although most lines end with *u-a* or *e-a.* The following translation is by Donald Walsh.

> Up through the moonless night
> climbed the echo of the rhumba,
> and the stars danced,
> watching for the moon.
> And all the night is black.
> The stars languish
> when they do not see the moon appear,
> but the moon lost
> her brightness when the rhumba climbed
> up through the breasts of night,
> and she turned black, black,
> drunk with rhumba rhythm.

LA LECHUZA

1. **partiera,** *had set out.* The pluperfect indicative in **-ara** and **-iera,** derived from the Latin pluperfect indicative, is identical in form with the imperfect subjunctive in **-ara** and **-iera.**

2. **Desengañó a la madre,** *she disabused her mother (told her it was not what she hoped it was).*

3. **los judíos de España,** *the Spanish Jews.* Queen Isabel ordered the expulsion of the Jews and the Moors from Spain in 1492. This was a tragic event not only for the exiled peoples, but also for Spain, since the Jews and the Moors were among the most cultured, resourceful, and industrious people in the country.

EL BUEN EJEMPLO

1. **sea por Dios,** *(may) God's will be done;* an example of the subjunctive expressing a wish.

2. **adelantándose a su siglo,** *getting ahead of their century, more advanced (educationally) than the times in which they lived.*

LOS MENSÚ

1. **mensú,** abbreviation of **mensualero,** a manual laborer who works by the month.

2. **Jerusalén y Gólgota,** *Jerusalem and Golgotha,* the hopeful beginning and the tragic end.

3. **revólver** 44, a revolver of .44 caliber, one with a barrel whose inner diameter is forty-four one-hundredths of an inch. This is a heavy, powerful revolver.

4. The Argentine peso is worth about a quarter of our dollar.

LAS ATLÁNTIDAS

1. The title refers to Atlantis, a mythical continent in the Atlantic. The poem is in free sonnet form, with two stanzas of four lines and two of three lines. The lines are of uneven length and have an unconventional rhyme-scheme: *abab, abab, ccd, eed.* The poem was first published in *Deucalión,* 1920, when the author was twenty-one. Fifteen years later, he returned to the theme of Columbus in *El sueño del tejedor.*

LA PACHACHA

1. **Gallinas al fin,** (*They are*) *hens after all, What can you expect of a bunch of hens?*

2. **buen día,** *good day,* more commonly **buenos días.**

3. **no hay . . . palo,** *there is no wedge worse than the one from the same log, there is no enemy worse than one from your own social class.*

BOLÍVAR

1. Simón Bolívar, 1783–1830, was the chief liberator of the Spanish colonies in South America during the wars of independence, 1810–24. His place in Spanish-American history parallels, and is of equal magnitude to, that of Washington in the history of the United States. The end of Bolívar's life was clouded by the ingratitude of his followers and the failure of his plan to confederate the newly liberated Spanish-American colonies.

Lloréns Torres, the greatest of all Puerto Rican poets and one of the most highly esteemed in Spanish America, followed the exalted, romantic tradition of Walt Whitman, Rubén Darío, and Santos Chocano. **Bolívar** has lines of varied length. Its rhyme-scheme of identical or nearly identical words is intensified after the first two stanzas by two and then four consecutive rhyming lines. It was first published in *Sonetos sinfónicos,* 1916.

PAPÁ Y MAMÁ

1. **¿para qué . . . abuelito?** *what do you suppose grandpa uses glasses for?*

2. **improvisando . . . seca,** *using as a cane a stick.*

3. **en un paréntesis,** *speaking parenthetically,* not in his role of father, but directly, as Ramoncito.

4. **y cásese usted,** *and then they tell you to go and get married.*

5. **les cose,** *sews for them.* Note the shift from **los** to the indirect object **les.**

6. **Ya me tienes . . . suegra,** *I'm sick of hearing how much my mother-in-law knows.*

TONADA

Biographical Note—Leopoldo Lugones: Lugones is one of the greatest Argentine poets. He wrote brilliantly in many styles—classic, romantic, modernist—and with unsurpassed vividness and originality. He had a distinguished record of educational service, and a decisive influence on contemporary Argentine poetry.

1. The poem is in **romance** form, alternating **versos llanos** of eight syllables and **versos agudos** of seven syllables. All the even lines rhyme in assonance.

EL COMETA ALISIUS

1. **se dispuso . . . cotidiana** *was on the point of finishing his day's work*

2. **Camille Flammarion** (1842–1925), French scientist and author of popular works on astronomy

3. **la cosa . . . coincidencial** *that is only a coincidence*

4. **Haupmedent, Brens y Goëniwedt** fictional European scientists, supposedly mathematical astronomers

5. **Stardoindwetz, Mussonovitz, Winkpland** more fictional scientists

6. **¡a desembuchar . . . patacones!** *Cough up the thousand pesos! A* is used with the infinitive to express a command. Note the later uses of this construction in this story: **A abrir inmediatamente esa caja de hierro** and **¡a quitárselo, "profesor"!**

7. **¿Qué hubo?** This construction, commonly used as a greeting form, here is a strong expression of impatience. *How about it?*

8. **y no deja . . . pesos** *and it must be worth at least a hundred pesos*

9. **se le . . . juntito** *she sat down very close to him*

ALAS ROTAS

1. Fabio Fiallo was widely known in Spanish America for his tender, romantic verse. **Alas rotas** has seven-syllable lines, with the even lines throughout rhyming in assonance. It was published in *Sus mejores versos*, 1938.

CENIZAS PARA EL VIENTO

1. **Hacía . . . explicarse** *He had been trying to explain himself for at least a quarter of an hour*

2. **se . . . padre** *he looked very much like his father*

3. **sin aceitar** *unoiled.* **Sin** followed by the infinitive is the equivalent of **un-** prefixed to a past participle in English

4. **¿Pero, si era cierto . . .** *But could it be true . . .*

5. **vaya** *all right, O.K.*

6. **debió . . . palidecido** *must have turned pale*

7. **no . . . que** *it was not right that*

8. **donde el señor Benavides** *at Mr. Benavides' store.* **Donde** used as a preposition with the meaning **en (de, a, por) casa de** or **en la tienda (oficina) de** is common throughout Spanish America and heard regionally in Spain. See **donde el Alcalde** (p. 153, l. 28) *the mayor's office*

9. **hijoe** (= **hijo de**) **. . . madres** The equivalent in English would be *they're all a bunch of s.o.b.'s*

10. **Aquí . . . oyó** *No more haw-hawing around here, get me?*

11. **Hasta . . . comprendió** = **Juan no comprendió hasta ese momento**

LA BALA CANSADA

1. **Perón** Juan Domingo Perón, Argentine dictator (1946–55)

2. **por . . . fueran** *whether they were library cardholders or not*

3. **que caen . . . cosa** *who drop in casually*

4. **por . . . estuviese** *however hidden it was*

5. The three groups of names that are cited in the following lines are: (a) Authors of detective novels: **Gilbert K. Chesterton** (1874–1936), British; **Dorothy L. Sayers** (1893–1957), British; and **John Dickson Carr** (1906–), American; (b) Fictional detectives: **Auguste Dupin,** Edgar Allan Poe's character in *Murders in the Rue Morgue;* **Sherlock Holmes,** the famous detective created by Sir Arthur Conan Doyle; **Peter Wimsey,** fictional detective in the

works of Dorothy L. Sayers; (c) Philosophers and mathematicians:
Platón or Plato, ancient Greece; **Benedictus de Spinoza** (1632–
77), Holland; **Gottfried Wilhelm von Leibniz** or Leibnitz (1646–
1716), Germany; **Albert Einstein** (1879–1955), Germany and the
United States; **Bertrand Russell** (1872–   ), England; **Rudolf
Carnap** (1891–   ), Germany and the United States.

6. **A falta . . . tortas** Our equivalent to this Spanish proverb is
Half a loaf is better than none

7. **Pues qué** Indeed

8. **Comuniquemé con Galindo** *Connect me with Galindo.* The
normal stress in the verb form would be on the syllable **ni** but,
in spoken Spanish, the stress often shifts to the final syllable or
to an attached pronoun.

9. The reference here is to contemporary detective-story writers:
Sax Rohmer, pseudonym of Arthur S. Ward (1883–1959); **Dashiell
Hammett** (1884–1961); **James Hadley Chase,** pseudonym of Rene
Raymond (1906–   ); **James M. Cain** (1892–   ); and **Mickey Spillane** or Frank Morrison Spillane (1918–   ). The last four writers
mentioned belong to what has been called "the hard-boiled
school."

10. **Pitágoras** or Pythagoras, philosopher of ancient Greece, responsible for the famed Pythagorean theorem: the square of the
hypotenuse of a right-angle triangle is equal to the sum of the
squares of the other two sides

11. **Edgar Allan Poe** (1809–49), American, is generally considered as the creator of detective fiction in his *Murders in the Rue
Morgue* (1841).

12. **¡Alpargatas sí, libros no!** *Shoes yes, books no!,* the rallying cry
of the extremely anti-intellectual supporters of Perón. The **alpargata** is a cheap rope-soled shoe with canvas uppers that looks like
our tennis shoe. It has come to symbolize the laboring classes of
Argentina.

13. **Haga patria, mate un estudiante por día** *Be patriotic, kill a
student per day.* Another of the Peronist cries heard during the
street brawls in Buenos Aires during the late forties and the early
fifties.

14. **Hay . . . cintura** *It must be controlled*

15. **¡Como . . . susto!** *How could I feel it? I was too scared.*

16. **m'hijo = mi hijo.** This is a familiar term heard frequently in Spanish America. It is equivalent to our colloquial *muh boy*.

17. **Ni . . . hablar** *I wouldn't even mention such a thing*

18. **se . . . tahures** *he begins a fist fight with the cheaters*

LAS CANCIONES DE NATACHA

Biographical Note—Juana de Ibarbourou: Uruguay's greatest living poet, and one of the greatest women poets writing in Spanish today, Juana de Ibarbourou has often been called Juana de América. She sings the joy of living and the beauties of nature in verse remarkable for its vividness, directness, and sincerity.

1. The lines are of six syllables, with the even lines rhyming in assonance.

MECIENDO

Biographical Note—Gabriela Mistral: Gabriela Mistral was not only a leading figure in Chilean and in Spanish-American literature but a great spiritual force of continental influence, an inspiration to all who work for democracy and for a better understanding among men of good will. The Nobel Prize for Literature in 1945 was awarded not only to Gabriela Mistral, the poet, but also to a great humanist and a devoted teacher, a voice raised in loving defense of children and all those in want.

1. The lines are alternately of nine and five syllables, and all the even lines have a common rhyme in assonance.

LA CUNA

1. The poem is in **romance** form: eight-syllable lines, with the even lines of each stanza rhyming in assonance. In the last line, the

diaeresis **sonrïendo** breaks the normal diphthong **ie into two** syllables, to make an eight-syllable line.

LA NOCHE

1. The poem is basically in **romance** form, but with two additional devices that heighten the rhyme and the rhythm: the odd lines as well as the even lines in each stanza rhyme in assonance; all the even lines throughout the poem are **versos agudos**. The following translation is by Donald Walsh.

> To bring you sleep, my child,
> the western sun no longer burns:
> there is no other sparkle than the dew,
> no other whiteness than my face.
>
> To bring you sleep, my child,
> the road has hushed its voice:
> no one murmurs but the river;
> of all things I alone exist.
>
> The plain has sunk into the mist.
> The violet has folded its petals.
> Quietness has come to rest
> like a hand upon the world.
>
> It was not only my child
> that I lulled with my song:
> I made the Earth slumber
> as the cradle swayed.

A MARGARITA DEBAYLE

Biographical Note—Rubén Darío: Darío is the most famous of Spanish-American poets. He was the messiah of the *modernista* movement, which enlarged poetic horizons and brought to the poetry of the Spanish-speaking world fantasy, bold metrical innovations, and a greater sensitiveness to sound and color.

1. The poem is divided into twenty stanzas, all but two of which are four lines in length. Throughout the poem, the rhyme is not assonance, but complete rhyme. The first stanza is of eight lines, the odd lines **versos agudos** of nine syllables, the even lines **versos llanos** of three syllables; the rhyme-scheme is *abababab*. The second stanza of four lines is **romance,** with the rhyme-scheme *cdcd*. The third stanza, of six lines, has three eight-syllable lines, two four-syllable lines, and another eight-syllable line, with the second and eighth lines really **versos agudos** of seven syllables. Stanzas four through eighteen, which form the narrative core of the poem, are of four lines each, alternating **versos llanos** of eight syllables and **versos agudos** of seven syllables, with a double rhyme of odd and even lines in each stanza. The last two stanzas return to the form of the first stanza, with the same rhythm and an identical rhyme scheme.

HA LLOVIDO POR LA NOCHE

Biographical Note—Jorge Carrera Andrade: Carrera Andrade's genius for daring imagery has earned him a continental fame. From the most humble and insignificant sources his lyric force creates masterpieces of sudden, bold suggestion, filled with unpretentious grace and fantasy.

1. The poem is **romance** in form. Note that the second line of stanza two is a **verso esdrújulo** of nine syllables, which count as eight syllables. The following translation by Muna Lee is reprinted, with permission, from Dudley Fitts: *Anthology of Contemporary Latin American Poetry* (New Directions Press).

It rained in the night—
there are pears on the ground.
Prostrate as abbesses
the cabbages lie round.

From the bird at the window
there's all this to be heard.
Out here in the country
our newspaper's the bird

Goodbye to worries!
Let's leave the lazy bed.
Rain has washed life clean
as a cabbage-head.

LA VIDA PERFECTA

1. The rhyme of the poem is basically a fourteen-syllable line. In line one, two **esdrújula** words of three syllables (**tímido, filósofo**) must be counted as words of only two syllables. The first lines of stanzas two and four are of thirteen syllables. There is double rhyme in assonance. The following translation by Dudley Fitts is reprinted, with permission, from his *Anthology of Contemporary Latin American Poetry* (New Directions Press).

Rabbit: timid brother! My teacher and philosopher!
Your life has taught me the lesson of silence.
For since in solitude you find your mine of gold,
the world's eternal onward march means nothing to you.

Tiny seeker after wisdom,
you leaf, as through a book, the good and humble cabbage;
and like Saint Simeon, from your dark hole
you watch the evolutions of the swallows.

Ask your good God for a garden in Heaven,
a garden with crystal cabbages in glory,
a spring of fresh water for your tender nose,
and a flight of doves above your head.

You live in the odour of perfect sanctity.
The cincture of Father Saint Francis will touch you
on the day of your death. And in Heaven
the souls of children will play with your long ears!

2. St. Simeon the Ancient, an anchorite who lived in Syria in the fourth century. He was a vegetarian, and he spent his life praying in a cave.

¡QUIÉN SABE!

Biographical Note—José Santos Chocano: Chocano is one of the epic forces in Spanish-American literature. His life was brilliant, tumultuous, exuberant, and so was much of his poetry; yet there are poems of his, such as *¡Quién sabe!,* that are simple, lyric, spontaneous, and deeply moving. The widespread enthusiasm aroused by the appearance of his *Alma América* in 1906 helped to swing the course of *modernista* poetry back to native themes. For his insistence upon America and the American Indian as sources of poetic inspiration, he has been called "el poeta de América."

1. The title (*Who Knows?*) often has the meaning of *perhaps,* especially in Spanish America. Here it typifies the evasive, noncommittal answer of the Indian. With the exception of the refrain, the poem has alternating lines of **versos llanos** of nine syllables and **versos agudos** of eight syllables. All the **versos agudos** and the refrain rhyme in assonance.

Exercises

UNA CARTA A DIOS

A. Answer the following questions:

1. ¿Dónde estaba la casa de Lencho? 2. ¿Qué se veía desde la casa? 3. ¿Qué prometía una buena cosecha? 4. ¿Qué necesitaba el campo? 5. ¿Hacia dónde miraba Lencho toda la mañana? 6. ¿Qué hacían antes de la comida los hijos menores? 7. ¿En qué momento empezó la lluvia? 8. ¿Para qué salió Lencho al corral? 9. ¿Por qué dijo que las gotas eran monedas? 10. ¿Qué hicieron los muchachos al ver los granizos? 11. ¿Qué destrucción hicieron los granizos? 12. ¿Cuál era la sola esperanza que quedaba? 13. ¿Cuánto dinero le pidió a Dios? 14. ¿Por qué se rio el empleado? 15. ¿A quién le mostró la carta? 16. ¿Por qué se puso serio el jefe? 17. ¿Qué idea tuvo? 18. ¿Qué descubrió el jefe al abrir la carta? 19. ¿A quiénes pidió dinero el jefe? 20. ¿Cuánto dinero pudo reunir? 21. ¿Qué puso a la carta como firma? 22. ¿A dónde fué Lencho al siguiente domingo? 23. ¿Qué hizo al abrir la carta? 24. ¿Qué pidió luego a la ventanilla? 25. ¿Qué escribió en su segunda carta?

B. Give antonyms for:

1. valle 2. alto 3. aquí 4. débil 5. pequeño 6. hombre 7. nada 8. nuevo 9. blanco 10. preguntar

C. Use in complete sentences:

1. junto a 2. a lo menos 3. sí que 4. hasta que 5. de pronto 6. ojalá 7. sin embargo 8. él mismo 9. volver a 10. ponerse

D. Add words to make each statement emphatic:

MODELS: *Ahora viene el agua. Ahora sí que viene el agua. Me lo mandó. Me lo mandó a mí. Que lo paguen hoy. ¡Ojalá que lo paguen hoy!*

1. Esto está muy malo. 2. Me gusta la música. 3. El aire estaba

fresco. 4. Que pase pronto. 5. Me mandó la carta. 6. Es muy grande el mal. 7. Que vengan mañana. 8. Nos van a visitar. 9. Lo voy a pagar. 10. Te estoy hablando.

E. Select the word that does not belong to the series:
MODEL: *huerta, monte,* corazón, *maíz, valle.*

1. alto, bajo, ancho, verde, angosto. 2. cerro, mar, frijol, montaña, playa. 3. mujer, hijo, marido, gota, abuelo. 4. lluvia, nieve, granizo, aguacero, corral. 5. maduro, moneda, centavo, peso, real. 6. correo, billete, carta, sello, buzón. 7. enfadarse, irritarse, acercarse, alegrarse, enojarse. 8. puerta, piso, pesado, pared, techo. 9. creer, andar, pensar, esperar, dudar. 10. maíz, lápiz, pluma, tinta, tintero.

EL SUEÑO DEL TEJEDOR

A. Answer the following questions:

1. ¿Qué tejía el hijo en vez de lana? 2. ¿Qué patria tienen los grandes hombres? 3. ¿Por qué quería partir el hombre a un mundo nuevo? 4. ¿Qué inquietud tienen los poetas y los marineros? 5. ¿Qué papeles le dio su mujer? 6. ¿Qué tierra había detrás del mar? 7. ¿Quién la había visitado? 8. ¿Cómo pensaba Colón llegar a Cipango? 9. ¿Qué miraba en la orilla del mar? 10. ¿A quiénes contó su sueño? 11. ¿Qué les pidió? 12. ¿Por qué lo llamaron loco? 13. ¿A dónde llegaron un día el tejedor y su hijo? 14. ¿A quiénes recibían en la casona? 15. ¿Qué hizo Juan Pérez por Colón? 16. ¿A quiénes reunió la Reina? 17. ¿Por qué no tenía dinero la Reina? 18. ¿Con qué se compraron las carabelas? 19. ¿Qué le guio a Colón? 20. ¿Cuánto tiempo pasaron antes de llegar? 21. ¿Cuál fué la primera tierra que vieron? 22. ¿Qué nombres dijo Colón al tomar posesión de la isla verde? 23. ¿Qué regalos le llevó Colón a la Reina? 24. ¿Qué le dieron a Colón a cambio de todo esto? 25. ¿Qué disculpa había para la Reina?

B. Give synonyms for:

1. comenzar 2. cuento 3. bello 4. elevado 5. partir 6. desear 7. regalar 8. brisa 9. responder 10. e

C. Give words of the same family:
MODEL: *contar, cuento, contador, recontar:*

1. maravilla 2. sueño 3. pensar 4. inquieto 5. viaje 6. sonreír 7. esperar 8. alegre 9. enfermo 10. caminar

D. Combine the two sentences under each number into a single complex sentence:

MODEL: *La tierra es redonda. No lo creían. No creían que la tierra fuera redonda.*

1. Es un profesor. Le hablé ayer. 2. Era un soñador. Su cabeza se volvió blanca. 3. Una vez había un hombre sin patria. Era hijo de un tejedor. 4. Se sonrieron los hermanos. Eran simples y estaban contentos. 5. Eran indios. Sus ojos dulces eran como los de sus llamas. 6. Es el amigo de Juan. Te hablé de él esta mañana. 7. Llegaron a tierra. Se alegraron mucho. 8. Era un médico. Conocía a su hija. 9. Vienen esta tarde. Ojalá. 10. Han vuelto a España. No es verdad.

E. Replace the dash with a comparative word:

1. Es tan maravilloso — un cuento. 2. Ella era más rica — nadie. 3. Le dio más — diez anillos. 4. Era el peor estudiante — la clase. 5. Sabía más — creían. 6. — mejor es que pronto llegaron al Mundo Nuevo. 7. Tiene — amigos como su hermano. 8. Vivió menos — cincuenta años. 9. — malo es que perdió el camino. 10. — más estudiamos, tanto menos sabemos.

LOS TRES CUERVOS

A. Answer the following questions:

1. ¿Qué le contó al general el coronel? 2. ¿Dónde había sentido el soldado un terrible dolor? 3. ¿Qué vomitó? 4. ¿Quién le había informado al coronel? 5. ¿Qué orden le dio al coronel el general? 6. ¿Qué iba a hacer el general mientras tanto? 7. ¿Qué dijo del caso el comandante? 8. ¿Cómo se llama el soldado? 9. ¿A quién había dejado en su pueblo? 10. ¿Cómo era la novia? 11. ¿Por qué le interrumpió al comandante el general? 12. ¿Quién le había informado al comandante? 13. ¿Qué orden le dio al comandante el general? 14. ¿Qué dijo del caso el capitán? 15. ¿De qué habló mucho el capitán? 16. ¿Con qué pregunta lo interrumpió el general? 17. ¿Quién le había informado al capitán? 18. ¿A quién quería ver el general entonces? 19. ¿Qué dijo del caso el teniente? 20. ¿Qué orden le dio al teniente el general? 21. ¿Qué

dijo por fin el sargento? 22. ¿De dónde vino lo de los cuervos? 23. ¿Por qué se había puesto a cantar el sargento? 24. ¿Qué orden le dio el general? 25. ¿Qué había dicho el general en su información?

B. Give words of the same family:
1. vivo 2. importar 3. verdad 4. mirar 5. dolor 6. fortuna 7. bastar 8. vista 9. diferente 10. sorprender

C. Use in complete sentences:
1. en efecto 2. claro que 3. acabar de 4. lo mismo 5. tratarse de 6. ¿qué hubo de? 7. en verdad 8. a su vez 9. ahora mismo 10. ponerse a

D. Supply one or more statements with which one might react to each statement or question:
MODEL: *Va a llover esta tarde. Lo dudo. Así parece. ¡Qué bueno! ¡Qué lástima! No voy a salir.*
1. ¡Habrá algún error! 2. ¿Usted los ha visto? 3. Se me olvidó mi libro. 4. La puerta está abierta. 5. ¿Quién está allí? 6. Mucho gusto en conocerlo. 7. ¿Qué tiene el soldado? 8. ¿Desde cuándo? 9. Se ha muerto Juan. 10. Tengo que irme.

E. Make a sentence from each series of words, adding connectives where needed, making agreements, and choosing appropriate tense forms:
MODEL: *libro/gustar/María. El libro le gustará a María. A María no le gustó el libro. A María no le gustan los libros.*
1. conocer/madre/Luis/semana/pasado/Nueva York 2. deber/ ser/ocho/mañana 3. buscar/algo/leer/señorita/Gómez 4. nosotros/americanos/trabajar/mucho 5. tener/gana/visitar/profesor/Larra 6. señor/García/faltar/treinta/pesos 7. hombre/y/ mujer/acabar/volver 8. año/viene/ellos/visitar Francia 9. alguien/robar/dinero/María 10. silla/verde/nosotros/comprar/ jueves

HISTORIA DE DOS CACHORROS . . .
A. Answer the following questions:

1. ¿Dónde vivían los coatís? 2. ¿Qué hacían al oír un gran ruido?
3. ¿Qué le gustaba comer al hijo mayor? 4. ¿Qué comida le gustaba al hijo menor? 5. ¿Por qué no debía ir nunca al campo?
6. ¿Por qué tenía la madre un diente roto? 7. ¿Qué es el gran
ruido que mata? 8. ¿Cómo caminan los coatís? 9. ¿Cuántos
nidos encontró el hijo menor? 10. ¿Por qué estaba triste?
11. ¿Qué canto oyó a lo lejos el hijo menor? 12. ¿Qué hizo al
oír el canto? 13. ¿Qué esperó sentado en la orilla del monte?
14. ¿Qué le pasó al morder el huevo grande? 15. ¿Cuántos años
tenían los dos hijos del hombre? 16. ¿Para qué puso trampa el
hombre? 17. ¿Qué hicieron los chicos después de acostarse?
18. ¿Qué pidieron los chicos a su padre? 19. ¿Por qué dijo el
padre que los coatís toman agua? 20. ¿Qué vio el coaticito a la
luz de la luna? 21. ¿Qué no pudieron hacer los coatís con los
dientes? 22. ¿Qué buscaron en el taller? 23. ¿Por qué tuvieron que
huir? 24. ¿Por qué le llamaron Diecisiete al coaticito? 25. ¿Qué
le dieron de comer? 26. ¿Por qué no quiso escaparse el prisionero?
27. ¿Qué le daba a su familia? 28. ¿Qué le hacían al coaticito las
gallinas? 29. ¿Cómo vengaron los coatís al hermano menor?
30. ¿Cómo trataron de salvarle la vida? 31. ¿En qué pensaban la
madre y los dos hijos al alejarse? 32. ¿Qué decidieron hacer por
los hijos del hombre? 33. ¿Qué hicieron con el cuerpo del hijo
menor? 34. ¿Qué guardaba el hijo segundo para su familia?
35. ¿Qué noticias le traían la madre y el hermano mayor?

B. Give synonyms for:
   1. caminar 2. hallar 3. chico 4. ponerse a 5. lindo 6. niña 7. de
   nuevo 8. al fin 9. difunto 10. abandonar

C. Use in complete sentences:
   1. otra vez 2. en vez de 3. a la vez 4. tal vez 5. tener que 6. hacer
   calor 7. dejar de 8. pensar en 9. a pesar de 10. tratar de

D. Replace each incorrect statement with a correct statement:
   1. Cuando sentían los cachorros un gran ruido iban a ver lo
   que lo producía. 2. Los gallos ponen huevos muy grandes. 3.
   El coaticito siempre seguía las recomendaciones de su madre. 4.
   El coaticito se sentó, esperando el día para ir al gallinero.
   5. Las criaturas tenían sueño y jugaban saltando de la silla del

uno a la del otro. 6. — No se olviden de que los coatís toman leche como ustedes. 7. El corazón le dio un vuelco al pobre coaticito al reconocer a su padre y a sus dos hermanas. 8. Cortaron el tejido de alambre con los dientes. 9. El niño le dio al coaticito el nombre Diecisiete porque tenía diecisiete años. 10. Los coatís sustituyeron la víbora con el coaticito muerto.

E. Make as many short questions and answers as you can from the facts in each statement:

MODEL: *Mi hermana fue a Lima ayer con su esposo para visitar a los padres de él. ¿Quién fue a Lima? Mi hermana. ¿Cuándo fue? Ayer. ¿A dónde fue? A Lima. ¿Con quién fue? Con su esposo. ¿Para qué fue? Para visitar a sus suegros (a los padres de su esposo).*

1. Los tres cachorros vivían en el monte comiendo frutas, raíces y huevos de pajarito. 2. Entre los palos podridos hay muchos cascarudos é insectos. 3. El tercero, que no quiere comer sino huevos de pájaros, puede ir a todas partes. 4. Hay una sola cosa a la cual deben tener gran miedo. 5. Detrás de los perros vienen siempre los hombres con un gran ruido que mata. 6. Cuando oigan cerca este ruido, tírense de cabeza al suelo, por alto que sea el árbol. 7. La noche cerró por fin, y entonces, en puntas de pie y paso a paso, se acercó a la casa. 8. El padre tenía al perro con una mano mientras con la otra levantaba un coaticito que gritaba como un grillo. 9. Trataron primero de cortar el tejido de alambre y los cuatro se pusieron a trabajar con los dientes; pero no conseguían nada. 10. Se acercaron muy inquietos y vieron entonces, en el momento en que casi la pisaron, una enorme víbora de cascabel a la entrada de la jaula.

F. Change the following intimate commands to the corresponding formal forms:

MODEL: *Háblame. Hábleme usted.*

1. Dímelo. 2. Cuídalo bien. 3. Siéntate. 4. Ponlo aquí. 5. Sal en seguida. 6. Ven mañana a las ocho. 7. Dámelo. 8. Hazlo con cuidado. 9. Vete. 10. Ten cuidado.

G. Change the following commands to the affirmative:

MODEL: *No lo repitas. Repítelo.*

1. No le digas la verdad. 2. No se siente allí. 3. No salgas ahora. 4. No te vayas. 5. No le hable usted. 6. No lo hagas así. 7. No tengas cuidado. 8. No vengas otra vez. 9. No se levante usted. 10. No lo pongas allí.

DE MUERTE NATURAL

A. Answer the following questions:

1. ¿Por qué había estado en el hospital don Teódulo? 2. ¿A quién buscaba, y para qué? 3. ¿Qué quería pedirle? 4. ¿Cómo había perdido ya tres veces el empleo? 5. ¿Qué pensó al ver caer la aguja? 6. ¿Qué había perdido Pedrito? 7. ¿Dónde encontró la bata la Madre? 8. ¿Qué fué a buscar a su cuarto don Teódulo? 9. ¿Qué prometió a la hermana Lupe? 10. ¿Por qué había venido al hospital doña Leocadia? 11. ¿Cuál era el único pariente que parecía capaz de una sonrisa? 12. ¿Por qué venían todos a visitar a doña Leocadia? 13. ¿Qué pasó en el momento en que don Teódulo iba a hablarle a la Madre Fermina? 14. ¿De qué murió doña Leocadia? 15. ¿Qué no podía comprender el doctor? 16. ¿Por qué no sabía la hermana quién había entrado en el cuarto? 17. ¿Por qué fue don Teódulo al laboratorio? 18. ¿Qué le dijo su amigo, el doctor? 19. ¿Qué les preguntó don Teódulo a todos los practicantes y médicos? 20. ¿Qué favor le pidió a la hermana Lupe? 21. ¿Qué encontró ella en el brazo izquierdo de la muerta? 22. ¿Qué dijo el doctor Robles? 23. ¿Qué no pudo encontrar Pedrito? 24. ¿Por qué examinó la ropa sucia don Teódulo? 25. ¿Qué le dijo a la Madre Fermina? 26. ¿En dónde reunió la Madre a los cinco parientes? 27. ¿Qué pretexto dio ella para hacerlos esperar? 28. ¿Por qué no había muerto doña Leocadia de muerte natural? 29. ¿A quién acusó doña María primero? 30. ¿Por qué iba doña Leocadia a desheredar a los sobrinos, según doña María? 31. ¿Qué había estado haciendo cada uno de los parientes? 32. ¿Cómo sabía don Teódulo que era mentira lo que dijo don Casimiro acerca del testamento? 33. ¿Cómo se limitó don Teódulo a dos sospechosos? 34. ¿Por qué se limitó luego a uno? 35. ¿Qué cosas le habían hecho sospechar un asesinato?

B. Give synonyms for:

1. aguardar 2. permitir 3. homicidio 4. de golpe 5. preciso 6. a₁rojar 7. manchar 8. bigotes 9. rezar 10. regresar 11. rogar 12. interrogar 13. observar 14. doctor 15. averiguar 16. seguir 17. motivo 18. realidad 19. empleo 20. irse 21. grave 22. cerrar 23. descanse en paz 24. sitio 25. afirmar 26. fallecer 27. penetrar 28. meditar 29. alcoba 30. pregunta

C. Make simple and compound contrary-to-fact conditional sentences from each of the following series of words:
MODEL: *(a) Si/yo/saberlo/decírtelo. Si yo lo supiera te lo diría.*
(b) Si yo lo hubiera sabido te lo habría dicho.
1. Si/ellos/tener/dinero/dármelo. 2. Ella/hablar/español/si/ser/mexicana. 3. Si/el teléfono/sonar/yo/descolgar. 4. Ellos/recibir/a Juan/si/llegar/solo. 5. Si/ellos/ir a pie/llegar/tarde. 6. El/decírmelo/si/ser/el autor. 7. Si/yo/ganar/bastante dinero/comprarlo. 8. Ella/llegar/a tiempo/si/salir/a las ocho. 9. Si/la/casa/ser pintada/ser/muy hermosa. 10. Yo/poder ganar/un/premio/si/estudiar/más.

D. Complete the following sentences:
1. Don Teódulo estaba en el hospital porque . . . 2. No quería irse del hospital sin . . . 3. Desde una ventana del hospital cayó . . . 4. Don Teódulo tenía la rara costumbre de hablar en . . . 5. Pedrito había perdido . . . 6. Según la hermana Lupe, nadie penetró en el cuarto de doña Leocadia después de la operación excepto . . . 7. La única sustancia que encontraron en la aguja era . . . 8. El cadáver de doña Leocadia tenía el rastro o huella de . . . 9. Entre la ropa sucia de aquel día don Teódulo no encontró . . . 10. Don Teódulo le dijo a la Madre Fermina que había que llamar a . . . 11. El embolio lo causó . . . 12. María llamó asesino a . . . 13. Juan había pasado toda la mañana con . . . 14. Don Casimiro afirmó que doña Leocadia, después de la operación, tenía la intención de cambiar . . . 15. Don Teódulo supo que el asesino era don Casimiro porque . . .

E. Phrase questions that might produce the following rejoinders:
MODEL: *Conmigo. ¿Con quién fue? ¿Con quién puede uno contar? ¿Con quién trabaja Juan?*
1. Ayer a las ocho y media de la mañana. 2. Los dos. 3. Traba-

jando mucho. 4. Hora y media. 5. A todo el mundo. 6. Porque me encantan. 7. Hasta las tres. 8. Estaba abierta. 9. Sin decir palabra. 10. Entre dos policías.

F. Add emphatic pronouns:
MODELS: *Me lo dio. Me lo dio a mí. Están estudiando. Ellos están estudiando.*
1. No me gustan. 2. Le falta dinero. 3. No lo hice. 4. Díselo. 5. Se llama Jorge. 6. Estudiamos mucho. 7. Páguenlo. 8. No me parece gran cosa. 9. Lo haré. 10. No me importa.

EL RATONCITO

A. Answer the following questions:
1. ¿Dónde oyó Ramiro la historia? 2. ¿Qué dijo Ermilo de la historia? 3. ¿Qué dijo la niña aun antes de oírla? 4. ¿Cómo era la ratita? 5. ¿Qué quería buscarle doña Rata? 6. ¿Cómo ayudaba el papá? 7. ¿En qué novios pensaron primero? 8. ¿Qué defectos tenían? 9. ¿En qué novio se fijaron luego los padres? 10. ¿Por qué tuvieron que esperar? 11. ¿Por dónde apareció el sol? 12. ¿Qué le dijeron los padres? 13. ¿Qué contestó el sol? 14. ¿Por qué lloraba la nube, según ellos? 15. ¿Qué dijo la nube? 16. ¿Por qué no pudieron detenerse al hablar al viento? 17. ¿Qué sabía ya el viento? 18. ¿Qué era más grande que el viento? 19. ¿Cómo era el muro? 20. ¿Por qué tuvieron que hablarle con fuerza? 21. ¿Qué dijo el muro? 22. ¿Qué hicieron luego los padres? 23. ¿Con quién se casó la ratita? 24. ¿De qué estaban seguros los padres el día de la boda? 25. ¿Qué le gritó a Ramiro doña Charo, y por qué?

B. Give the antonyms for:
1. marido 2. sólo 3. después de 4. anochecer 5. encima 6. nacer 7. cubrir 8. mismo 9. encontrar 10. alzar

C. Give words of the same family:
1. loco 2. casar 3. servir 4. buscar 5. solo 6. fuerte 7. día 8. inventar 9. ayudar 10. posible

D. Make each sentence negative:
1. Alguien está a la puerta. 2. Voy a comprar algo. 3. Los he

visto alguna vez en Sevilla. 4. Alguno de ellos lo sabrá. 5. ¿Has viajado jamás por México? 6. Los encontré en alguna parte. 7. Voy a tomar o uno u otro. 8. Este lo voy a tomar también. 9. Algún amigo me ayudará. 10. Alguna vez ella me contó algo de Felipe.

E. Make each sentence affirmative:

1. Ninguno de ellos habrá llegado. 2. Jamás estuve allí. 3. No he visto a nadie en el jardín. 4. No creo conocer ni a uno ni a otro. 5. No dijo nada a nadie. 6. No los he leído nunca. 7. No tengo ningún dinero. 8. A ella le he escrito también. 9. Nunca he leído nada de eso. 10. No viven en ninguna parte de la ciudad.

F. State the condition that results from each action:
MODEL: *Se rompió el vaso. El vaso estaba roto.*

1. Se abrió la ventana. 2. Se hizo el trabajo. 3. Se pintó la casa. 4. Se lavaron los platos. 5. Se cubrieron las mesas. 6. Se escribió el artículo. 7. Se apagó la lámpara. 8. Se cerraron las cortinas. 9. Se terminó la lectura. 10. Se destruyó el enemigo.

LA VOZ

A. Answer the following questions:

1. ¿Por qué tuvo que reírse el autor? 2. ¿Qué decía el indio para animar al autor? 3. ¿Cuál de los frailes lo interesó más? 4. ¿Qué hicieron para pasar el tiempo? 5. ¿Para qué había hecho su viaje el autor? 6. ¿Qué dijo Fray Dagoberto de la vida de la montaña? 7. ¿Qué sería fácil hacer en la montaña? 8. ¿Qué dijo el autor sobre los asesinatos? 9. ¿Cuándo ocurrió la historia del fraile? 10. ¿Qué habían hecho los indios? 11. ¿Qué le mandó hacer el Padre Prior? 12. ¿Quién era su guía? 13. ¿A qué hora salieron? 14. ¿Qué llevaban consigo? 15. ¿Qué ruido había? 16. ¿A qué hora se detuvieron para comer? 17. ¿En dónde bebieron agua? 18. ¿Qué pregunta repetía el fraile, y qué le respondía el guía? 19. ¿Qué confesó al fin el indio? 20. ¿Para qué cortaron ramas? 21. ¿Qué cosa extraña dijo el fraile de la luna? 22. ¿Por qué gritó José? 23. ¿Cómo trató de curarle el fraile? 24. ¿Cómo se puso la pierna? 25. ¿A qué se parecía la cara de

José? 26. ¿De qué color se había puesto? 27. ¿Qué veía el fraile en la imaginación? 28. ¿Qué rogó José que hiciera el fraile? 29. ¿Qué parecía llenar toda la montaña? 30. ¿Qué era el gran trueno?

B. Give the antonyms for:
1. sobre 2. amo 3. flaco 4. banal 5. ligero 6. difícil 7. claro 8. medianoche 9. áspero 10. duro

C. Use in complete sentences:
1. no poder menos de 2. haber que 3. echar a 4. hace una hora 5. más allá de 6. volverse 7. oler a 8. hacerse 9. en cuanto 10. fijarse en

D. Answer each question using the indicated time expression:
MODEL: *¿Cuándo llegaron? (una hora) Llegaron hace una hora. Hace una hora que llegaron.*
1. ¿Cuándo se fueron? (dos días) 2. ¿Cuándo se murió? (tres meses) 3. ¿Cuándo lo compraron? (hora y media) 4. ¿Cuándo llegaste? (veinte minutos) 5. ¿Cuándo nació el nene? (tres años) 6. ¿Cuándo se construyó esta casa? (un año) 7. ¿Cuándo lo vendiste? (año y medio) 8. ¿Cuándo se escribió esta novela? (dos años) 9. ¿Cuándo fuiste a México? (tres meses) 10. ¿Cuándo volvieron? (hora y media)

E. Answer each question using the indicated time expression:
MODEL: *¿Desde cuándo trabajan contigo? (dos meses) Trabajan conmigo desde hace dos meses. Hace dos meses que trabajan conmigo. Llevan dos meses trabajando conmigo.*
1. ¿Desde cuándo viven aquí? (año y medio) 2. ¿Desde cuándo me esperan? (media hora) 3. ¿Desde cuándo estudias? (hora y media) 4. ¿Desde cuándo escuchas ese disco? (media hora) 5. ¿Desde cuándo lees esa novela? (dos horas) 6. ¿Desde cuándo viaja usted por España? (tres meses) 7. ¿Desde cuándo lleva usted anteojos? (tres años) 8. ¿Desde cuándo maneja usted un coche? (año y medio) 9. ¿Desde cuándo fuma el enfermo? (diez años) 10. ¿Desde cuándo escribe usted poemas? (cinco años)

F. Give one or more logical rejoinders to each statement or questions:
1. No me siento muy bien. 2. Habré dejado la llave en casa.

3. Va a llover. 4. ¡Qué calor! 5. ¿Sonó el teléfono? 6. ¿Quién es aquel señor? 7. Oí pasos en el jardín. 8. Vamos a la playa. 9. ¿Te gustó la película? 10. ¿Por dónde se sale de aquí? 11. Me he cortado el dedo. 12. Mi coche no está en el garage. 13. Creo que se equivoca usted. 14. Nos hemos perdido. 15. ¿De quién es la foto? 16. Mucho gusto en conocerla, señorita. 17. ¿No quiere usted sentarse? 18. Ha ladrado el perro. 19. Se cerró la puerta. 20. ¿Qué tiene tu hermano?

EL POTRILLO ROANO

A. Answer the following questions:

1. ¿Cómo se juega a "El Tigre"? 2. ¿Cuál de los hermanos se cansa primero de jugar? 3. ¿Qué espectáculo le sorprende a Mario? 4. ¿Cuál es su eterno sueño? 5. ¿Por qué no quieren animales en la quinta? 6. ¿Qué cosa estupenda dice el hombre a Mario? 7. ¿Qué va a hacer con el potrillo el hombre? 8. ¿Cómo responde Mario a la proposición? 9. ¿Con qué se espanta moscas el potrillo? 10. ¿Qué hace Leo al ver pasar a Mario? 11. ¿Por qué se asusta la madre? 12. ¿Qué cosa inesperada dice ella? 13. ¿Qué obstáculos vence Mario en su carrera? 14. ¿Qué le pregunta el hombre? 15. ¿Dónde parece estar buscando cabestros Mario? 16. ¿Qué cosas malas hace el potrillo? 17. ¿Qué le hizo una vez a Mario el potrillo? 18. ¿Cómo sabe Mario que le quiere el potrillo? 19. ¿Cómo usan del potrillo los padres de Mario? 20. ¿Qué han hecho los peones para el potrillo? 21. ¿Qué futuro se imagina Mario para el potrillo? 22. ¿Qué le parecen blasfemias? 23. ¿Por qué le parece muy simpático a Mario el capataz? 24. ¿A qué propósito se opone el potrillo? 25. ¿Por qué no le gusta a la madre el potrillo? 26. ¿De qué se olvida muchas veces Mario? 27. ¿Con qué le amenaza el padre? 28. ¿Qué entra a decirle la madre una mañana de febrero? 29. ¿Qué hace Mario para reparar el daño hecho por el potrillo? 30. ¿Para qué se acerca Mario a la tranquera? 31. ¿Qué le parece que hay más allá de la tranquera? 32. ¿Para qué sale velozmente Leo? 33. ¿Por qué grita la madre? 34. ¿Cómo sabemos que Mario ha estado enfermo? 35. ¿Qué tratan de ocultar los padres con la risa?

B. Give synonyms for:

    1. lentamente 2. contemplar 3. rostro 4. tras 5. alzarse 6. precioso 7. alejarse 8. demás 9. odioso 10. inteligente

C. Give antonyms for:

    1. borde 2. mejor 3. nadie 4. feliz 5. quitar 6. soltar 7. mandar 8. olvidarse 9. húmedo 10. junto a

D. Make a single complex sentence from each pair of sentences:

    MODEL: *Es rica. Yo lo dudo. Yo dudo que sea rica.*

    1. Vienen esta tarde. Me alegro. 2. Lo pagarán. Es necesario. 3. Lo han hecho. Espero que sí. 4. No cuesta mucho. Es evidente. 5. Valen mucho. Es probable. 6. Llegan mañana. ¡Ojalá! 7. Lo han olvidado. Es posible. 8. No lo comprenden. Es verdad. 9. Está terminada. No hay duda. 10. La niña está muerta. Temo que sí.

E. Answer each question by stating the condition that would result from the action:

    MODEL: *¿Escribiste la carta? Sí, está escrita.*

    1. ¿Cerraste la puerta? 2. ¿Rompieron el banco? 3. ¿Terminó usted la lección? 4. ¿Lavaron los platos? 5. ¿Pintaron la casa? 6. ¿Abriste las ventanas? 7. ¿Apagaron el fuego? 8. ¿Hiciste la cama? 9. ¿Hirieron al soldado? 10. ¿Cortaron la hierba?

F. Change each statement into one of probability:

    MODEL: *Juan lo ha perdido. Juan lo habrá perdido. Es probable que Juan lo haya perdido. Juan debe de haberlo perdido.*

    1. La gata es de Luisa. 2. Son argentinos. 3. Ha vendido la casa. 4. No vale mucho. 5. Han visto a Manuel hoy. 6. Ella ha escrito la carta. 7. Ha ganado el premio gordo. 8. María ha vuelto a Madrid. 9. Ha salido bien en el examen. 10. Tu amigo es muy pobre.

EN LAS MONTAÑAS

A. Answer the following questions:

    1. ¿Dónde estaban los caballos, y qué hacían? 2. ¿Qué estaba comiendo el joven indio? 3. ¿Cómo estaban vestidos los otros dos indios? 4. ¿Qué hacía el guía entretanto? 5. ¿Cómo eran los viajeros blancos? 6. ¿Qué pidió Tomás? 7. ¿Qué le había dado el

blanco? 8. ¿Por qué se murió el caballo del blanco? 9. ¿Cómo se quemó la choza? 10. ¿Qué le faltaba a Pedro Quispe? 11. ¿Qué ofreció hacer Córdova? 12. ¿Qué le han quitado a Pedro además de sus tierras? 13. ¿Qué trató de hacer Pedro mientras salían los blancos? 14. ¿Qué hizo Pedro al llegar a la cumbre de la colina? 15. ¿Qué hizo el guía al oír el cuerno? 16. ¿A dónde fueron los indios? 17. ¿Cómo atacaron a los blancos? 18. ¿A dónde huyeron los blancos? 19. ¿Qué le pasó a Alvarez? 20. ¿Qué hacían las indias mientras esperaban? 21. ¿Cómo subieron a los blancos? 22. ¿Para qué bajó luego un grupo de indios? 23. ¿Hasta cuándo bebieron los indios? 24. ¿Cómo estaba herido Alvarez? 25. ¿Qué hicieron los indios para jurar el silencio?

B. Give words of the same family:

1. beber 2. bajo 3. comer 4. poner 5. cerca 6. fuerte 7. dirigir 8. cuidado 9. parecer 10. temer

C. Use in complete sentences:

1. de pie 2. al lado de 3. ¿qué tiene? 4. es decir 5. a lo lejos 6. con cuidado 7. sino 8. acabar de 9. todo lo que 10. por eso

D. Make as many questions and answers as you can from the facts in each statement:

1. Ana y Marta llegaron conmigo a casa a las siete y media. 2. Enrique no compró el radio porque no le gustó su tono. 3. Poco después de llegar a Lima murió el doctor Suárez de un accidente de automóvil. 4. A Elena le encantan las novelas policiales por sus tramas. 5. Al entrar en la biblioteca vi a mi primo Luis que hablaba con el bibliotecario. 6. El pobrecito no tiene abrigo y sufre mucho del frío en el invierno. 7. Dolores no sabía leer la carta porque estaba escrita en francés. 8. El lunes a la una de la tarde habrá un almuerzo en honor de mi tío Carlos. 9. Cuando sonó el teléfono Felipe estaba dormido pero se despertó a tiempo para hablar con su madre. 10. En algunas aldeas los pobres no comen sino verduras porque la carne cuesta mucho.

E. Replace the dash by a form of the definite or indefinite article, if one is needed:

1. Buenos días, — doctor Sánchez. 2. — cortesía no cuesta nada.

3. Mi padre es — médico. 4. Me gustan mucho — discos españoles. 5. — mejor es que vienen mañana. 6. Llegaremos a —
dos de la tarde. 7. ¿Dónde está — profesor García? 8. Tengo
— hambre. 9. He preparado mi lección de — español. 10.
Vino — lunes por la mañana. 11. Salieron — semana pasada.
12. Es — primero que dije. 13. Cuestan un dólar — docena.
14. — domingo voy a — iglesia. 15. Abrió — ojos y me miró.
16. Pasó — año y — medio allí. 17. ¡Qué — tragedia! 18. Vino
a visitarme — otro amigo. 19. No salgas sin — abrigo. 20. Es
— profesor excelente.

CONTRA PEREZA DILIGENCIA

A. Answer the following questions:

1. ¿Dónde vivía doña Quirina? 2. ¿Cómo era su cuarto? 3. ¿Qué
tenía ella en su cuarto, y por qué? 4. ¿Qué virtudes atribuía
ella a las herraduras? 5. ¿En qué tiempos ocurrió esta historia?
6. ¿Qué estaba haciendo Nuestro Señor entonces? 7. ¿Quién lo
acompañaba? 8. ¿Con qué tropezó en el camino? 9. ¿Qué le dijo a
San Pedro? 10. ¿Por qué no obedeció éste? 11. ¿Cómo sabía el
Señor lo que estaba pensando San Pedro? 12. ¿Qué hizo el Señor
en vez de repetir la orden? 13. ¿Dónde metió la herradura?
14. ¿Por qué tienda pasaron? 15. ¿Qué ofreció vender el Señor?
16. ¿Qué hizo el herrador antes de comprarla? 17. ¿Cuánto le
ofreció al Señor? 18. ¿Qué estaba vendiendo el chico? 19. ¿Qué
se compró el Señor? 20. ¿Qué tiempo hacía? 21. ¿Qué quería
mucho San Pedro? 22. ¿Qué hizo el Señor cada vez que se comió
una cereza? 23. ¿Cuántas veces tuvo que agacharse San Pedro?
24. ¿Qué le dijo el Señor? 25. ¿Qué nos enseña la historia de
doña Quirina?

B. Give words of the same family:

1. diligencia 2. mirar 3. pan 4. fundar 5. pecador 6. coger
7. hierro 8. feliz 9. sonrisa 10. doce

C. Use in complete sentences:

1. llamarse 2. sobre todo 3. haber de 4. pues 5. en vez de 6. comprar a 7. un poco de 8. hacer calor 9. tener que 10. en seguida

D. Give the action that produced the stated result:

MODEL: *La puerta estaba cerrada con llave. Se había cerrado la puerta con llave. Alguien había cerrado la puerta con llave. Habían cerrado la puerta con llave.*

1. La novela estaba escrita en inglés. 2. Esta silla está rota. 3. Los platos están lavados. 4. Las ventanas estaban abiertas. 5. La lámpara estaba apagada. 6. La casa estaba pintada de verde. 7. El vaso estaba lleno de leche. 8. Este trabajo está muy mal hecho. 9. La cuenta ya estaba pagada. 10. La comida está preparada.

E. Replace the possessive adjective and noun by the corresponding possessive pronoun:

MODEL: *Ella tiene mi pluma. Ella tiene la mía.*

1. ¿Tienes tu taza? 2. ¿Es aquí donde viven sus tíos? 3. Ella compró mi radio. 4. Yo conozco a su padre. 5. ¿Han llegado tus hermanas? 6. ¿Dónde compra usted sus libros? 7. Aquí viene la hermana de él. 8. Yo tengo mis libros. 9. Nuestro amigo vive allí. 10. No querían dar sus nombres. 11. Nuestras flores son muy bonitas. 12. Aquí viene nuestra madre. 13. He escrito mi lección. 14. Yo tengo los libros de ellos. 15. Los niños no quieren comer sus verduras. 16. Nuestros padres han ido al teatro. 17. He lavado las camisas de Jorge. 18. ¿Dónde está su amigo? 19. Mis camisas son blancas. 20. Es allí donde mamá compra sus flores.

LA CAMISA DE MARGARITA

A. Answer the following questions:

1. ¿Cómo protestan las viejas de Lima cuando algo cuesta demasiado? 2. ¿Dónde encontró el autor esta historia? 3. ¿Dónde y cuándo vivió Margarita Pareja? 4. ¿Cómo se ganaba la vida su padre? 5. ¿Qué efecto tenían los ojos de Margarita? 6. ¿De dónde vino Luis Alcázar? 7. ¿Cuánto dinero y qué esperanza tenía Luis? 8. ¿Cómo le decía Margarita a Luis que éste le gustaba? 9. ¿Qué olvidan los amantes? 10. ¿Qué hizo Luis sin vacilar? 11. ¿Qué pretexto dio el padre al rechazar a Luis? 12. ¿Cuál era su verdadera razón? 13. ¿Cómo supo don Honorato la verdad del caso? 14. ¿Cómo era don Honorato? 15. ¿Qué dijo al saber

la verdad? 16. ¿Qué hizo y dijo Margarita? 17. ¿A quiénes llamó don Raimundo? 18. ¿Qué medicina necesitaba Margarita, según los médicos? 19. ¿Cuál fué su ultimátum? 20. ¿A dónde fué corriendo don Raimundo? 21. ¿Quién intervino en la discusión, y qué dijo? 22. ¿Con qué condición consintió don Honorato en el casamiento? 23. ¿A dónde fueron al día siguiente don Honorato y don Raimundo, y qué hicieron allí? 24. ¿Cuánto valía la camisa de novia? 25. ¿Qué habría hecho el tío al saber la verdad?

B. Give antonyms for:
1. aceptar 2. diablo 3. arrogante 4. rico 5. tío 6. heredar 7. suegro 8. monja 9. consentir 10. vida

C. Give words of the same family:
1. belleza 2. amor 3. pobre 4. razón 5. rabia 6. encantar 7. orgullo 8. justo 9. culpa 10. heredar

D. Make each statement passive:
MODEL: *Galdós escribió esta novela. Esta novela fue escrita por Galdós.*
1. Velázquez pintó aquel cuadro. 2. Mi hermana cultiva el jardín pequeño. 3. El niño rompió las ventanas. 4. Mi primo hizo esa caja. 5. Mi abuelo construirá la otra casa. 6. La criada ha lavado los platos. 7. Una bala hirió al soldado. 8. Jorge ha limpiado el coche. 9. Mi tío pintó la mesa. 10. Mis padres terminarán el trabajo.

E. Change to past time:
1. Me alegro que estés aquí por fin. 2. Es posible que sea más barato. 3. Siento que lo hayan vendido. 4. Espero que venga el jueves. 5. Estoy muy contento que lo tengas tú. 6. Se lo diré a ustedes cuando vuelvan. 7. Es necesario que vengas en seguida. 8. Es probable que lo haya comprado Juan. 9. Es lástima que se haya caído. 10. Se lo pagaré en cuanto tenga el dinero.

LA LECHUZA
A. Answer the following questions:
1. ¿Qué preguntó la muchacha a Jacobo? 2. ¿Para qué había

salido Moisés? 3. ¿En qué caballo estaba montado? 4. ¿Qué dijo Jacobo para tranquilizar a doña Eva? 5. ¿Por qué tenía miedo doña Eva? 6. ¿Qué hizo Jacobo para lucirse ante Perla? 7. ¿Qué recordaba el paisaje? 8. ¿En dónde se reflejaba el sol? 9. ¿Qué dijo Perla para tranquilizar a su madre? 10. ¿Por qué no les gustó la lechuza? 11. ¿Qué pájaro es de mal agüero, según los judíos? 12. ¿Por qué dijo Perla que el caballo no era blanco? 13. ¿Qué canto oyeron desde las casas cercanas? 14. ¿Qué cantó Perla? 15. ¿Cómo se ganaba la vida el novio de la historia? 16. ¿Por qué no le quería la novia? 17. ¿Qué cosa de mal agüero vio la mujer del rabino? 18. ¿Qué vendió el novio para comprar un misal? 19. ¿Qué hizo la novia dos días antes de casarse? 20. ¿Qué tragedias le vinieron a la novia? 21. ¿Qué le había pasado al primer novio? 22. ¿Qué aconsejó el rabino? 23. ¿Qué dijo la mujer a su novio muerto? 24. ¿Qué dijeron Perla y su madre al mirar la lechuza? 25. ¿Por qué gritaron madre e hija?

B. Give synonyms for:
1. contestar 2. revelar 3. cerca de 4. terminar 5. lucir 6. recordar 7. temor 8. espíritu 9. dicha 10. encontrar

C. Give antonyms for:
1. llevar 2. otoño 3. retornar 4. obscuridad 5. último 6. pasado 7. lúgubremente 8. llorar 9. despertarse 10. lento

D. Select the word that is not a logical member of the series:
1. lechuza, caballo, yegua, oveja, mate 2. camino, leña, calle, senda, sendero 3. ruido, inquietud, alegría, tristeza, esperanza 4. otoño, invierno, bosque, verano, primavera 5. graznar, ladrar, gritar, aullar, brillar 6. lúgubre, penoso, cuervo, triste, doloroso 7. techo, pared, suelo, puerta, copla 8. nacer, casarse, enfermar, encender, morirse 9. carrera, garganta, cuello, oreja, pecho 10. vecindad, barrio, alrededores, jinete, región

E. Replace the dash with *para* or *por*:
1. Le pagan diez pesos — hora. 2. No hay nadie — aquí. 3. La novela fue escrita — mi tío. 4. ¿Hay cartas — mí? 5. Anduvo — la calle. 6. Se quedó — una hora. 7. Te daré éste — aquél. 8. Salió — casa a las diez. 9. Le hablé — saber si venía. 10. ¿Tienes unas tazas — té? 11. Iré — ti a las ocho. 12. Es muy

alto — su edad. 13. Volveré — el martes. 14. Viene dos veces — semana. 15. Dormimos — la noche.

EL BUEN EJEMPLO

A. Answer the following questions:

1. ¿Cómo eran las casas de este pueblo? 2. ¿Por qué se hallaban las casas bajo los árboles? 3. ¿Cómo se ganaba la vida don Lucas? 4. ¿Qué cosas aprendían a coro los muchachos? 5. ¿A qué hora terminaban las clases? 6. ¿Qué hacían los chicos al salir de la escuela? 7. ¿Qué sentía el maestro al ver salir los chicos? 8. ¿Qué sacaba a la calle, y qué le traía un criadito? 9. ¿De dónde venía la brisa, y qué parecía hacer? 10. ¿Con quién partía don Lucas su merienda? 11. ¿Dónde se quedaba el loro durante las clases? 12. ¿Cómo se protegía del sol? 13. ¿Cuánto ruido hacía el loro durante las clases? 14. ¿De dónde se colgaba el loro? 15. ¿Qué le daba de comer don Lucas? 16. ¿A qué punto llegaba la confianza que tenía don Lucas en su loro? 17. ¿Qué hizo el loro una mañana? 18. ¿Qué pasó en la clase cuando oyeron la noticia? 19. ¿Por qué no pudieron perseguir al loro? 20. ¿Qué viaje tuvo que hacer don Lucas? 21. ¿A qué distancia estaba el pueblo cercano? 22. ¿Qué tiempo hacía? 23. ¿Qué le parecía una alucinación? 24. ¿Qué cantaba la bandada de loros? 25. ¿Qué había hecho Perico?

B. Give antonyms for:

1. día 2. fuera de 3. debilidad 4. arriba 5. mojado 6. ganar 7. cercano 8. separados 9. silencio 10. principio

C. Give words of the same family:

1. pueblo 2. dirigir 3. estudio 4. cantar 5. gritar 6. vecino 7. débil 8. alto 9. sentar 10. persecución

D. Rephrase each sentence using the reflexive:

MODEL: *La ventana fue cerrada. Se cerró la ventana. El alcalde fue elegido el año pasado. Se eligió al alcalde el año pasado.*
1. La novela fue escrita en 1960. 2. El niño es vestido a las ocho. 3. La silla fue rota ayer. 4. La casa será construida el año próximo. 5. La carta fue terminada antes de las doce. 6. El hombre fue herido en la pierna derecha. 7. Las flores serán

plantadas en este jardín. 8. La ventana fue abierta de repente.
9. El soldado fue fusilado al amanecer. 10. Este campo ya no
es cultivado.

E. Give one or more questions that might produce each of these
answers:
1. El profesor Hernández. 2. Es una lámpara. 3. A las siete y
cuarto. 4. Doblando a la izquierda. 5. El que está en el rincón.
6. Porque no me da la gana. 7. El martes. 8. Abriendo aquella
puerta. 9. El hijo de mi vecino. 10. Porque se rompió la pierna.

LOS MENSÚ

A. Answer the following questions:

1. ¿Dónde habían estado Cayetano y Esteban? 2. ¿Por qué tuvo
que quedarse Cayetano año y medio antes de volver? 3. ¿Cómo
estaban vestidos los mensú al llegar a Posadas? 4. ¿De dónde vendría el dinero que iban a gastar? 5. ¿Qué firmaron poco después
de bajar del vapor? 6. ¿Qué acuerdo tenían las muchachas con
las tiendas? 7. ¿Cómo pudieron robar las muchachas a los
mensú? 8. ¿Qué se compró Cayetano? 9. ¿Qué se compró Podeley? 10. ¿Qué olores llevaban consigo los mensú? 11. ¿Cuánto
tiempo pasaron en Posadas? 12. ¿Qué determinó hacer Cayetano
al ver su libreta? 13. ¿Qué perdió en el juego? 14. ¿Qué ganó
Podeley en el juego? 15. ¿Cuánto dinero recibía Podeley por un
día de trabajo? 16. ¿Qué construyó en el bosque? 17. ¿Qué bebía
al levantarse? 18. ¿Qué comía por la noche? 19. ¿Qué hacía el
sábado y el domingo? 20. ¿Qué hacían los mensú cuando subían
los precios? 21. ¿A quién odiaban? 22. ¿En qué pensaba siempre
Cayetano? 23. ¿Qué tiempo hacía en el otoño? 24. ¿Cómo se
anunció el chucho? 25. ¿Qué efectos tenía? 26. ¿Qué medicinas
tomó Podeley para curarse? 27. ¿Por qué no le permitió irse el
patrón? 28. ¿Cuándo y cómo se escaparon los dos mensú? 29. ¿Por
qué no querían abandonar la senda? 30. ¿Qué gritó el patrón
a los fugitivos? 31. ¿Por qué no quiso entrar en el bosque el
patrón? 32. ¿Cuándo llegaron al río y qué hicieron? 33. ¿Cómo
pasaron la primera noche en la jangada? 34. ¿Qué daño les hizo
la corriente? 35. ¿Qué comieron al día siguiente? 36. ¿Qué peligro

corrieron la segunda noche? 37. ¿En dónde tocaron tierra? 38. ¿Por qué no vadearon el Paranaí en seguida? 39. ¿En qué insistió Podeley? 40. ¿Qué trató de hacer luego Cayetano? 41. ¿Cuándo se murió Podeley? 42. ¿Cuánto tiempo se quedó allí Cayetano? 43. ¿Qué comió? 44. ¿Qué noticia lo llenó de terror? 45. ¿Qué pasó cuando desembarcó en Posadas?

B. Give synonyms for:
1. por lo tanto 2. necesario 3. mayoría 4. goce 5. conducir 6. recordar 7. colocar 8. suficiente 9. inmediatamente 10. ocultar

C. Use in complete sentences:
1. contar con 2. por ciento 3. de todos modos 4. subir a 5. por supuesto 6. por fortuna 7. a fines de 8. darse prisa 9. en cuanto 10. darse cuenta de

D. From each group of words make a simple contrary-to-fact conditional sentence:
MODEL: *Si/ella/estar/aquí/hacer/el/trabajo. Si ella estuviera aquí haría el trabajo.*
1. Si/yo/tener/el/tiempo/leer/más español. 2. Si/tú/trabajar/más/sacar/mejores notas. 3. Yo/comprarlo/si/tener/el dinero. 4. Si/yo/ser/usted/no quedarse/aquí. 5. María/trabajar/si/ser/mayor. 6. Yo/dormirse/si/estar/cansada. 7. Si/yo/conocerle/hablarle. 8. Ella/estar/allí/ahora/si/salir/a las ocho. 9. Si/ella/venir/mañana/yo/estar/muy contenta. 10. Pablo/ir/conmigo/si/tener/el tiempo.

E. From each group of words make a compound contrary-to-fact conditional sentence:
MODEL: *Si/yo/saber/eso/no/pagárselo. Si yo hubiera sabido eso no se lo habría pagado.*
1. Si/yo/estar/allí/hablarle. 2. Ella/estar/allí/para ahora/si/salir/a tiempo. 3. Yo/pagarle/bien/si/ella/trabajar/bien. 4. Ella/hablarme/si/reconocerme. 5. Ellos/morirse/si/nosotros/no ayudarlos. 6. Nadie/verla/si/ella/partir/por la noche. 7. Nada/ocurrir/si/yo/estar/allí. 8. El trabajo/hacerse/si/yo/estar/en casa. 9. Ellos/quedarse/si/nosotros/invitarlos. 10. Si/ella/estar/allí/yo/saberlo.

F. State the result of the given action:

MODEL: *Se escribió la carta* or *La carta fue escrita. La carta estaba escrita.*

1. Se hizo el trabajo. 2. Terminan la lección. 3. Se plantaron las flores. 4. Prepararán la comida. 5. La cama fue hecha. 6. Se lavaron los platos. 7. Las ventanas fueron cerradas. 8. Pintaron la casa. 9. La casa fue rodeada. 10. Se lavó el coche.

G. Replace the dash with a form of *ser* or *estar:*

1. — ella quien lo tiene. 2. Estos — de mis padres. 3. Madrid — en España. 4. ¿Dónde — mis libros? 5. — de Caracas. 6. El reloj — de oro. 7. — necesario salir. 8. — casi imposible. 9. Mi tío — enfermo. 10. La niña — siempre triste. 11. El vaso — lleno de leche. 12. El soldado — muerto. 13. Las ventanas — abiertas. 14. — la una y media. 15. Ella — alta y delgada. 16. La silla — rota. 17. Esta carta — escrita en inglés. 18. El sombrero — de papel. 19. Esta lección — muy fácil. 20. Los otros — nuestros.

LA PACHACHA

A. Answer the following questions:

1. ¿Cómo era la *Pachacha?* 2. ¿Qué habría sido ordinariamente su destino? 3. ¿Cómo llegó al corral del criadero? 4. ¿A dónde fué a posarse? 5. ¿Qué le pareció una carcajada? 6. ¿Qué la llenó de asombro y admiración? 7. ¿Cuál de las aves se acercó primero? 8. ¿Con qué contrastó la *Pachacha* las maneras del gallo blanco? 9. ¿Qué dijo el gallo? 10. ¿Por qué trató la *Pachacha* de parecer extranjera? 11. ¿Por qué se alejó el *Leghorn?* 12. ¿Con qué motivos se acercaron luego las otras aves? 13. ¿De qué grupo de aves se hizo amiga la *Pachacha,* y por qué? 14. ¿Por qué se toleraban las opiniones del *Rhode Island?* 15. ¿Qué dijo éste de la *Pachacha?* 16. ¿Qué gritó el *Plymouth* socialista? 17. ¿De qué se asombró la *Pachacha* a la mañana siguiente? 18. ¿Qué mentira le dijo a una *Leghorn?* 19. ¿Por qué tenían abrevadero las gallinas? 20. ¿Por qué bebió la *Pachacha* si no tenía sed? 21. ¿Qué dijo del canto del *Leghorn?* 22. ¿Por qué debía tener cuidado con las *Inglesas,* según las *Rhode Island?* 23. ¿Qué noticia útil le dieron las *Japonesas* a

la *Pachacha?* 24. ¿En qué estuvo ocupada por tres semanas?
25. ¿Qué se resolvió en cuanto a los pollitos de la *Pachacha?*
26. ¿Qué distinción había hecho el amo entre la *Pachacha* y las
otras gallinas? 27. ¿Qué las sorprendió mucho a las gallinas?
28. ¿Por qué arañó la tierra la *Pachacha*? 29. ¿Qué le dijo el
viejo *Rhode Island?* 30. ¿Qué dijo de la cría el amo? 31. ¿Qué
posición social tenía la *Pachacha* a mediados del verano? 32. ¿De
qué se había olvidado ya? 33. ¿Qué gritó la *Pachacha* al ver a la
intrusa? 34. ¿Qué hicieron luego ella y sus hijos? 35. ¿Qué verdad
nos enseña esta historia?

B. Give antonyms for:

1. grueso 2. corto 3. bruto 4. entristecer 5. feo 6. ligero 7. acoger
8. hostil 9. audaz 10. sucio

C. Give synonyms for:

1. suerte 2. procurar 3. cierto 4. así que 5. acaso 6. permanecer
7. suceder 8. anciano 9. forastero 10. disimular

D. Add emphatic pronouns:

MODEL: *Nos gustan las películas mexicanas. A nosotros nos
gustan las películas mexicanas.*

1. Me importa mucho. 2. Le encantan los dulces. 3. Nos quedan muy pocos. 4. Son ingleses ¿no? 5. Me sobra tiempo. 6. Me
extraña verte aquí. 7. Se me olvidó dos veces. 8. Creo que son
españoles. 9. Nos parece excelente. 10. Somos mexicanos. 11.
Nos hará falta un chófer. 12. Tienes la culpa. 13. Es mi hermano menor. 14. Me parece que sí. 15. Le falta dinero. 16. ¿Te
gusta eso? 17. ¿Qué tal te parecen? 18. Me falta tiempo. 19.
Tiene menos dinero que yo. 20. Soy el jefe.

E. Make each sentence negative:

1. Tiene algo que decirle. 2. Alguno de mis parientes irá conmigo. 3. Vi a alguien en el patio. 4. ¿Has estado alguna vez en
Tampico? 5. Habrá algún amigo que me ayudará. 6. ¿Lo has
visto jamás en Córdoba? 7. Compraré o éste o aquél. 8. ¿Hay
algo que te guste? 9. Alguien está a la puerta. 10. A él le gusta
también.

F. Answer each question using the indicated time expression:

MODEL: *¿Desde cuándo están aquí? (dos horas) Están aquí desde* *hace dos horas* or *Hace dos horas que están aquí* or *Llevan dos horas aquí.*

1. ¿Desde cuándo trabajan contigo? (tres meses). 2. ¿Desde cuándo viven en Sevilla? (un año) 3. ¿Desde cuándo estudias español? (cinco años) 4. ¿Desde cuándo me esperas? (media hora) 5. ¿Desde cuándo vives aquí? (dos meses) 6. ¿Desde cuándo hablan inglés? (un año) 7. ¿Desde cuándo está enferma? (dos días) 8. ¿Desde cuándo sabes la verdad? (una hora) 9. ¿Desde cuándo se conocen ustedes? (mes y medio) 10. ¿Desde cuándo sabes nadar? (seis meses)

G. Answer each question using the indicated time expression:
MODEL: *¿Cuándo llegó? (dos horas) Llegó hace dos horas* or *Hace dos horas que llegó.*

1. ¿Cuándo lo compraste? (una semana) 2. ¿Cuándo entraron en el cine? (un cuarto de hora) 3. ¿Cuándo volvieron? (dos días) 4. ¿Cuándo cerraron la puerta? (diez minutos) ¿Cuándo comiste? (media hora) 6. ¿Cuándo vendieron la casa? (seis meses) 7. ¿Cuándo se levantaron? (dos horas) 8. ¿Cuándo se escribió la novela? (año y medio) 9. ¿Cuándo salieron para Madrid? (media hora) 10. ¿Cuándo se construyó la casa? (diez años)

H. Replace the blank with a preposition if one is needed:
1. Tengo ganas — verlo. 2. Quieren — entrar. 3. Juega en vez — trabajar. 4. Estoy muy contento — estar aquí. 5. Insisten — salir. 6. Acaban — volver. 7. Me acuerdo — usted. 8. Cuento — tu ayuda. 9. Aprendió — bailar. 10. Ha dejado — llover. 11. No deje — verlo. 12. Vamos — comer. 13. Consintió — hablarnos. 14. Espero — el correo. 15. Pidió — la cuenta. 16. Trató — abrir la puerta. 17. Me invitó — quedarme. 18. Busco — un policía. 19. Entraron — el cuarto. 20. Pagó — la comida.

PAPÁ Y MAMÁ

A. Answer the following questions:

1. ¿Dónde está sentada la esposa, y qué hace? 2. ¿Qué hace el marido después de comer? 3. ¿Qué está haciendo la criada adentro? 4. ¿Qué ruido interrumpe el silencio cada segundo? 5. ¿Cómo es la noche? 6. ¿Qué hace el nene? 7. ¿Cómo es Ramoncito? 8. ¿A

qué se está preparando a jugar Juanita? 9. ¿Por qué no quiere
Ramón jugar a las compras? 10. ¿Por qué les parecen inútiles
los anteojos del abuelo? 11. ¿Qué ofrece ser Juanita en el juego
de Papá y Mamá? 12. ¿Qué usa Ramón en vez de bastón? 13. ¿De
dónde llega Papá y qué quiere? 14. ¿Por qué vuelve a la esquina
Ramoncito? 15. ¿Quién es Sabina? 16. ¿Por qué tiene prisa
Papá? 17. ¿Por qué se enoja Papá? 18. ¿Cómo pasan el día las
dos mujeres, según Papá? 19. ¿En qué finge freír un huevo
Mamá? 20. ¿Qué dice Mamá para defenderse? 21. ¿Qué defecto
tiene Sabina? 22. ¿Por qué no despide Mamá a Sabina? 23. ¿Con
quién compara Papá a Mamá? 24. ¿Qué debe decir Mamá cuando
Papá se pone rabioso? 25. ¿Para qué se casa uno, según Papá?
26. ¿Qué gran dicha quisiera tener Papá? 27. ¿Qué tiene que
aguantar Papá en la oficina, en las calles y en los tranvías? 28. ¿De
qué empieza a tener miedo Juanita? 29. ¿Qué hace en este momento el nene? 30. ¿Cómo se salva Mamá de los golpes?

B. Give words of the same family:
   1. pensar 2. comer 3. criar 4. jugar 5. soñar 6. claro 7. amar 8. vivir
   9. cocer 10. cuidar

C. Use in complete sentences:
   1. lo mismo 2. entre tanto 3. de repente 4. a ver 5. ya no 6. cada
   vez más 7. es que 8. sí que 9. de veras 10. darse por

D. Add the idea of probability to each statement:
   MODELS: (a) Está en Bogotá. Estará en Bogotá. Es probable
   que esté en Bogotá. Debe de estar en Bogotá. (b) No lo ha encontrado. No lo habrá encontrado. Es probable que no lo haya
   encontrado. No debe de haberlo encontrado.
   1. Es mexicana. 2. Lo ha dejado en casa. 3. Es de oro. 4. Lo ha
   olvidado. 5. Ha salido para casa. 6. Es tu amigo. 7. No ha
   vuelto. 8. Son de Buenos Aires. 9. ¿A dónde ha ido? 10. Lo
   ha terminado. 11. Son las seis. 12. No es verdad. 13. Es mío.
   14. Se han ido. 15. Lo han comprado. 16. Se han casado. 17.
   Vive en un pueblecito. 18. ¿Dónde están? 19. No se acuerda de
   mí. 20. Las ha vendido.

E. Replace the dash with a form of hora, tiempo, or vez:
   1. Llegaron a la — de comer. 2. ¿Cuánto — se quedaron? 3.
   Es — de estudiar. 4. Pasó mucho — estudiando. 5. Es la pri-

mera — que los veo. 6. Volvió muchas —. 7. Duerme en —
de estudiar. 8. No tengo — para jugar. 9. Es — de acostarse.
10. ¿Cuántas — lo has visto? 11. Hay mucha violencia en estos —. 12. ¿Cuánto — vas a estar allí? 13. Se sentó otra —.
14. No hay — para terminarlo. 15. Iremos a España la próxima —. 16. La he visto tres —. 17. Viene a verme de — en
cuando. 18. Pasé mucho — esperando. 19. Es la segunda —
que he comido aquí. 20. No hablen todos a la —.

EL COMETA ALISIUS

A. Answer the following questions:

1. ¿Dónde tiene lugar la acción de este cuento? 2. ¿Quién desea
hablar con el gerente? 3. ¿Qué aspecto tiene el que entra? 4.
¿Por qué puede parecer raro el nombre del caballero? 5. ¿Qué
saca del bolsillo? 6. ¿Qué ha descubierto el visitante? 7. ¿Es
astrónomo el gerente? 8. ¿Qué pensó el gerente de su visitante?
9. ¿Qué nombre le ha dado el visitante al planeta? 10. ¿Qué le
ofrece el caballero a don Nicébulo? 11. ¿Cuánto pide por el
planeta? 12. ¿A quién anuncia el portero? 13. ¿Por qué ha venido Alicia a la fábrica de don Nicébulo? 14. ¿Cómo es Alicia?
15. ¿Qué le pregunta Alicia al gerente sobre el precio del planeta y cómo contesta don Nicébulo? 16. ¿Qué dice entonces el
tío de la joven? 17. ¿Qué hace la muchacha después? 18. ¿Qué
armas tienen la muchacha y su tío? 19. ¿Cuántos pesos encuentran en la caja de hierro? 20. ¿Qué cosas toman para completar
el valor del planeta? 21. ¿Qué le hace la muchacha a don Nicébulo? 22. ¿Por qué quiere hacerle un obsequio al gerente? 23.
¿Cuál es el nombre del cometa? 24. ¿Cuánto tiempo durmió el
gerente? 25. ¿Qué se dijo don Nicébulo al final del cuento?

B. Use in complete sentences:

1. dar paso a 2. darse cuenta de 3. por lo visto 4. en cuanto a
5. no venir mal 6. tratarse de 7. acercar 8. acabar de 9. caber
duda 10. no dejar de

C. Give synonyms for:

1. cotidiano 2. caballero 3. trajeado 4. atajar 5. anciano 6. nuevamente 7. cabello 8. agregar 9. estilográfica 10. canapé

D. Indicate the word that is not a logical member of the series:

1. fábrica, escuela, edificio, casa, reloj 2. gerente, director, dueño, cotidiano, propietario 3. traje, vestido, ropa, asunto, camisa 4. astrónomo, científico, sabio, bolsillo, erudito 5. asiento,
silla, banco, sillón, seco 6. cruce, marca, tipo, clase, especie 7.
estrella, astro, luna, sonrisa, planeta 8. asomar, gritar, reír,
llorar, cantar 9. tarjeta, rubia, carta, postal, mensaje 10. cutis,
piel, carne, anillo, torso 11. barato, guiño, caro, costoso, lujoso
12. puñal, afán, revólver, rifle, navaja 13. pulsera, peso, duro,
peseta, centavo 14. saco, chaleco, tintero, pantalón, camisa 15.
labio, fiera, busto, barriga, pierna

E. Replace the dash with a comparative word:
1. Ganan más dinero — yo. 2. Es el edificio más alto — Lima.
3. Trabajó más — ocho horas. 4. Tiene más dinero — necesita. 5. Tiene tantos trajes — yo. 6. Su casa es más grande —
creíamos. 7. — más trabajo tanto menos gano. 8. Ella es casi
tan alta — él. 9. Es el mejor estudiante — la clase. 10. Gastaron más — cien dólares.

CENIZAS PARA EL VIENTO

A. Answer the following questions:

1. ¿Quién era el hombre que trataba de explicarse? 2. ¿Qué
repitió el hombre? 3. ¿Qué quería saber Carmen, la mujer de
Juan? 4. Al aparecer Carmen con el chiquillo ¿qué hizo el visitante? 5. ¿Qué debían hacer Juan y Carmen? 6. ¿Comprendían
ellos por qué? 7. ¿Cuánto tiempo les daba para dejar sus tierras? 8. Si no se iban ¿qué harían las autoridades? 9. ¿Cómo eran
las tierras de Juan y cómo era su casa? 10. ¿Había votado Juan
en las últimas elecciones? 11. ¿Qué recuerda Juan de su última
visita al pueblo? 12. ¿Qué pasó en la tienda de don Rómulo
Linares? 13. ¿Qué cosillas compró Juan? 14. ¿Qué le preguntó
al señor Benavides? 15. ¿Qué pregunta le hizo el guardia a
Juan? 16. ¿Qué dijo Arévalo de Juan? 17. ¿Qué ventaja tenía
Arévalo como sostén de la autoridad? 18. ¿Por qué le era difícil a Juan creer que Arévalo era malo? 19. ¿A qué hora más
o menos se oyeron los disparos? 20. ¿Qué anunció que alguien
entraba? 21. ¿Quiénes eran los visitantes? 22. ¿Cuánto tiempo

les dan ahora para irse de allí? 23. ¿Cuánto tiempo ardió la casa? 24. ¿Qué les preguntó el alcalde y qué contestaron ellos? 25. ¿Qué estupidez habían cometido Juan Martínez y su familia?

B. Give synonyms for:

1. conseguir 2. responder 3. igual a 4. chiquillo 5. marido 6. vereda 7. demás 8. recordar 9. rebenque 10. guardia

C. Give antonyms for:

1. entrada 2. sucio 3. quitarse 4. barato 5. bajo 6. comienzo 7. despedirse 8. último 9. paz 10. ganar

D. Replace the dash with a form of *poder, saber,* or *conocer:*

1. Yo no — abrir esta ventana. 2. ¿No — usted hablar inglés? 3. Yo — que están allí. 4. Yo la — en Nueva York. 5. Pregúntale si — salir. 6. ¿No — usted nadar? 7. ¿A qué hora — tú salir? 8. Yo no — el camino. 9. Ellos — a una familia mexicana. 10. Los niños no — jugar porque estaban enfermos. 11. ¿— yo entrar? 12. Él no — lo que han hecho. 13. ¿— usted esta novela? 14. Yo no — muy bien la ciudad. 15. Ella — cocinar muy bien. 16. Yo — que han vuelto. 17. Ella — tocar el piano. 18. Ellos dicen que — la catedral. 19. Yo — adónde ha ido. 20. No — ir al cine porque tengo que estudiar.

E. Replace the dash with a form of the definite or indefinite article, if one is needed:

1. No me gusta — agua fría. 2. — francés es muy fácil. 3. Mi padre es — profesor. 4. La lección de — inglés es difícil. 5. Es — primero que dije. 6. Me mandó una carta escrita en — inglés. 7. Tú hablas muy bien — español. 8. Salió sin — sombrero. 9. — bueno es que se quieren mucho. 10. No sabes — cansada que está Luisa. 11. ¿Dónde está — pobre Juana? 12. — tío Enrique quiere verte. 13. Me gustan — trajes ingleses. 14. Ven mañana a — nueve. 15. Adiós, — señor García. 16. Cuestan un dólar — docena. 17. ¿Cuándo empieza — invierno? 18. Nunca leo — novelas policiales. 19. Levantó — mano. 20. Pasó — año y — medio allí.

F. Combine each pair of sentences into a single complex sentence:

MODELS: *Son excelentes. Lo dudo. Dudo que sean excelentes.*
Es un novelista. He leído sus libros. Es un novelista cuyos li-
bros he leído.

1. Es un autor. Leí su novela la semana pasada. 2. Es mexicana.
Ya lo sé. 3. Es la pluma. Escribí mi primera novela con ella.
4. Vienen mañana. Es posible. 5. Han vuelto. ¡Ojalá! 6. Enrique es el amigo. Le hablé anoche. 7. Es un médico. Conozco a
su hija. 8. Lo han pagado. Me alegro. 9. Son unos amigos.
Trabajo con ellos. 10. No están aquí. Lo siento.

G. Rephrase each sentence in the passive voice:
1. Mi hermana escribió este cuento. 2. Plantarán las flores allí.
3. Se hirió al soldado en la frente. 4. Luis rompió la ventana.
5. La policía rodeó la casa. 6. Se escribió la carta ayer. 7. Mi
padre pagó la cuenta. 8. Mi tío vendió la fábrica la semana
pasada. 9. Terminaron el trabajo anoche. 10. Mi abuelo construyó aquella casa.

LA BALA CANSADA

A. Answer the following questions:

1. ¿Dónde y cuándo pasa la acción del cuento? 2. ¿Quiénes empiezan a llegar a la plaza? 3. ¿Qué llevan escondido? 4. ¿Cuándo
será la manifestación relámpago? 5. ¿Cómo emplean el tiempo
hasta principiar la manifestación? 6. ¿Cómo es la biblioteca de
la plaza? 7. ¿Cómo se llama el bibliotecario? 8. ¿Qué debe hacer un bibliotecario? 9. ¿Cómo cumplía Jorge Greb sus obligaciones para con los libros y para con los lectores? 10. ¿Cómo
atendía al público? 11. ¿Quiénes no le importaban a Greb?
12. ¿Cómo procedía el bibliotecario? 13. ¿Qué libros leía Greb
y dónde los tenía? 14. ¿Cómo estaban clasificados? ¿Por qué?
15. ¿Por qué no era la biblioteca de Greb una biblioteca típica
de barrio? 16. Mientras tanto ¿qué estaba pasando en la plaza?
17. ¿Era estúpido Jorge Greb? 18. ¿Cómo era su cuerpo y cómo
era su mente? 19. ¿Por qué le disgustaba la literatura realista?
20. ¿Para qué cosas no le daba la cabeza? 21. ¿A quiénes leía?
¿Con quiénes pensaba? 22. ¿Qué admiraba en las novelas de
detectives? 23. ¿Qué son los hombres en una novela de este

género? 24. ¿Cómo es la acción en estas novelas? 25. ¿Por qué
era la lectura de las novelas (para Jorge Greb) una revancha
contra los hombres? 26. ¿Quién entró en la biblioteca y qué
preguntó? 27. ¿Cómo reaccionó Greb? 28. ¿Qué hizo el hombre?
29. ¿A quién llamó y qué informes dio? 30. ¿Por qué odiaba
Greb a todos los hombres? 31. ¿Cómo descansaba el resentimiento de Greb? 32. ¿Por qué clasificaba Greb a ciertas novelas
como espurias? 33. ¿Quién inventó el género de la novela de
detectives? 34. ¿Escribía novelas Jorge Greb? 35. ¿Qué empiezan a gritar los jóvenes? 36. ¿Qué hacen con los panfletos escondidos? 37. ¿Cuáles son los gritos de los hombres que se oponen
a la manifestación de los estudiantes? 38. ¿Cómo reaccionó
Greb ante la violencia de la plaza? 39. ¿Por qué entró gente en
la biblioteca? 40. ¿Qué libro pide el muchacho de gran melena?
41. ¿Qué tiene el joven en la frente? 42. Según el joven ¿qué
pasó? 43. ¿Cómo era el chichón? 44. Según el señor de edad
¿qué es el chichón? 45. ¿Por qué no quiere ir el joven al hospital? 46. ¿Qué inspiración recibe Greb del caso de la bala cansada? 47. ¿Quiénes son los personajes del cuento de Greb? 48.
¿Qué hace Cechece al darse cuenta de que le están haciendo
trampa? 49. ¿Quién dispara el revólver y a quién le da la bala?
50. ¿Qué encuentra la policía al otro día? 51. ¿Por qué prenden
a Amaral y de qué lo acusan? 52. ¿Dónde está la bala que no
encuentran en la pieza? 53. Antes de escribir su cuento ¿qué le
pasa a Greb? 54. ¿De qué lo inculparon? 55. ¿Por qué podemos
consolarnos ante la destitución de Greb?

B. Give words of the same family:
1. estudiar 2. formar 3. ojo 4. vidrio 5. tienda 6. escribir 7. correr 8. partir 9. sentir 10. nieve

C. Use in complete sentences:
1. de uno en uno 2. en punto 3. de buena gana 4. sino que
5. dar la hora 6. ponerse de pie 7. darse cuenta de 8. volver a
9. a lo mejor 10. en medio de

D. Give antonyms for:
1. empezar 2. distinto 3. evitar 4. ignorar 5. sobrar 6. aburrido
7. alejarse 8. odiar 9. bajar 10. muerte

E. Give synonyms for:

1. aguardar 2. fastidiar 3. colocar 4. estúpido 5. espurio 6. entender 7. idioma 8. treparse 9. rostro 10. agregar

F. Replace the dash with a form of *ser, estar,* or *tener:*

1. Juan — mi hermano. 2. ¿Dónde — tus padres? 3. La puerta — cerrada. 4. Ella — que estudiar. 5. — preciso pagarlo pronto. 6. ¿Cómo — usted? 7. Este caballo — muerto. 8. Estos — tuyos. 9. ¿Qué edad — usted? 10. — imposible salir. 11. La camisa — de México. 12. La carta — escrita en francés. 13. — las tres y cuarto. 14. Yo — mucho miedo. 15. Creo que tú — razón. 16. Esta lección — difícil. 17. La botella — llena de leche. 18. Ella — muy contenta. 19. El vestido — de lana. 20. Ella — diez y ocho años.

G. Replace the dash with *de* or *que* or *de que,* if needed:

1. Vive cerca — Madrid. 2. La vi antes — las seis. 3. Salieron sin — decir nada. 4. Después — vivimos en Bogotá. 5. Esperé hasta — regresó. 6. Viven muy cerca — en la próxima calle. 7. Le hablé después — volvió. 8. Entraron sin — yo lo supiera. 9. Después — leerlo te lo prestaré. 10. No lo terminaron hasta — el jueves. 11. Lo vi antes — en el teatro. 12. Te lo daré después — si lo necesitas. 13. Lo compraron antes — salieran para España. 14. Viven lejos — aquí. 15. Lo leeré antes — acostarme.

H. Give one or more probable rejoinders to each remark:

1. ¿Cuánto vale? 2. ¿Dónde está la biblioteca? 3. Mi reloj se ha parado. 4. ¿Qué tal le parece el libro? 5. Mi padre está enfermo. 6. ¿Qué compras quieres hacer? 7. ¿A dónde fue María? 8. ¡Acabo de ganar el premio gordo! 9. ¿Puede usted cambiarme un dólar? 10. Mucho gusto en conocerlo. 11. Es hora de levantarte. 12. ¿Por dónde se sale? 13. ¿Por qué estás triste? 14. Esta puerta no se abre. 15. ¿Qué tal? 16. ¿Puedo entrar? 17. No me siento muy bien. 18. No sé escribir a máquina. 19. ¿No sonó el teléfono? 20. ¿Por qué volvieron tan tarde?

I. Replace the dash with *para* or *por:*

1. ¿Hay algo — mí? 2. No hay nadie — allí. 3. ¿Cuánto pagaste — esto? 4. Salió — casa. 5. Le escribí — saber si venía.

6. No vine — no tener dinero. 7. Pasaron — la calle Mayor.
8. Se quedaron — dos horas. 9. Es una taza — café. 10. Comemos juntos una vez — semana. 11. La mesa fue hecha — papá.
12. Volverán — el martes. 13. Hay que dormir — la noche.
14. Iremos — ustedes a las ocho. 15. Es muy alta — su edad.

Vocabulary
Notice to Students

As you begin to use this vocabulary, the following notes will help you to find the words you are looking for. Start by taking a good look at the word as it occurs on the page of text, and by saying it aloud to yourself. Your ideal, remember, is to learn this word the first time you look it up, so that you will never have to look it up again.

1. The Spanish alphabet differs somewhat from our alphabet: **ch, ll,** and **ñ** are separate letters, and they follow all the words that begin with **c, l,** or **n.** Thus you will find separate groups of words in this vocabulary beginning with **ch** and **ll** (there are no words in this book that begin with **ñ**). You will also find, for example, **ocho** coming after **oculto, ancho** after **anclar, Callao** after **calzón, valle** after **valor, añadir** after **anular,** and **señal** after **sentir.** It would help to look up **ocho, ancho, Callao, valle, añadir,** and **señal** right now, to get used to finding such words in their right places.

2. A difficulty harder to solve is that of the verb-forms, since only the infinitives are listed in the vocabulary. It will save you time and energy in the long run if you learn now all the tense-endings of regular verbs, and all the irregular verb-forms, too. These you will find in the Appendix of your grammar.

The infinitives of verbs with stem (radical) changes can usually be found by remembering the changes from **e** to **ie** or **i** and from **o** to **ue** or **u.** If you are looking up words like **pide, siente, sirvió, duerma,** and **muriendo,** you won't find them in

233

the vocabulary; but try them with **e** instead of **ie** or **i**, and **o** instead of **ue** or **u**, and look for **pedir, sentir, servir, dormir,** and **morir.** To help you, these stem-changes are indicated in parentheses after the infinitives: **sentir (ie,i),** etc.

The infinitives of verbs with spelling (orthographic) changes can be found by remembering the changes from **c** to **qu, z** or **zc,** from **z** to **c,** and from **g** to **gu** or **j.** If you are looking up words like **saqué, venzo, conozco, cacé, pague,** and **cojo,** you won't find them; but try making the above changes in reverse: instead of **qu, z,** or **zc,** look for **c (sacar, vencer, conocer);** instead of **c,** try **z (cazar);** instead of **gu** and **j,** try **g (pagar, coger).**

3. You will find idioms listed in the following order: (*a*) under the noun or the first of two nouns; (*b*) under the verb, if there is no noun; (*c*) under the first significant word, if there is neither noun nor verb.

4. Repetitions of the key word, in idioms and phrases, are indicated by a dash: **embargo: sin —** means **sin embargo; — que,** under **tener,** means **tener que.**

5. The following abbreviations are used:

adj.	adjective	*pl.*	plural
adv.	adverb	*pr.*	pronoun
n.	noun	*prep.*	preposition
neut.	neuter	*S. A.*	Spanish-American

6. The vocabulary is intended to be complete, except for the following classes of words: (*a*) words similar in spelling and meaning to their English equivalents (**imposible,** *impossible,* **necesario,** *necessary*); (*b*) words that occur only once and are translated in a footnote or in the Notes; (*c*) the various forms of regular and irregular verbs; (*d*) the definite and indefinite articles; (*e*) personal pronouns; (*f*) most adverbs ending in **-mente,** which will be found under the adjective stem; (*g*) words with diminutive endings (**-ito, -cito, -ecito,** etc.), which

are not listed separately except when the key word appears in the book only with the diminutive ending, or when the ending gives the word an unusual change of meaning; (*h*) words with the suffix **-ísimo, -ísima,** which will be found under the key word.

A

a to; at, on; by; for; — **los (dos días)** after (two days); — **que** so that

abadesa abbess

abajo down; **más** — **de** beneath, below; **para** — downward

abierto open, wide apart

abofetear to slap

abrevadero drinking trough

abrigo overcoat; shelter

abrir to open

abuelo grandfather; **-ito** grandpa

aburrir to bore, be boring

abyecto abject, mean, despicable

acabar (de) to finish; — **con** to put an end to; **acaba de (salir)** he has just (left); **acababa de (salir)** he had just (left); **—se** to be all gone, be sold out

acaso perhaps, maybe, perchance

aceite olive oil; oil

aceituna olive

acelerar to quicken

acento tone, voice

acera sidewalk

acercar to bring close, bring up; **—se (a)** to approach

acertar (ie) to guess correctly; — **a** to manage to

acoger to welcome

acomodar to arrange; to put; **—se** to make oneself comfortable

acomodo arrangement

aconsejar to advise

acontecimiento event

acordarse (ue) de to remember

acostarse (ue) to go to bed, lie down

acostumbrarse to become accustomed

acuciar to fan, whip

acuerdo agreement; **de** — agreed, in agreement

acunar to cradle

adelantado: por — as a sample

adelante forward, ahead; **hacia** — ahead; **más** — farther on

además (de) besides

adentro inside

adivinar to guess

admirado surprised

adonde, a dónde where

adoquinado pavement

adorno ornament

adquirir (ie) to acquire

adquisición acquisition

advertir (ie, i) to notice

afán anxiety; **es de** — is really urgent

afectos affection

afligido afflicted one

afuera outside; out with

agachar to pull in; **—se** to stoop down

agente agent; — **del orden** policeman

agitar to shake; **—se** to wave, flicker

agotarse to run out

agradable pleasant

agradecimiento gratitude; **—s** thanks

agregar to add

agresividad agressiveness

agruparse(se) to collect, pile up
agua water; **bañado en — de rosas** overwhelmed with delight
aguacero shower, heavy rain
aguantar to endure, put up with
aguardar to wait (for)
aguardiente brandy
agudo sharp
aguja needle
ahí there
ahondar to go deeply
ahora now; **— bien** well, now
aislar to isolate
ajá ahem, aha, m-hm
ajedrez chess
ala wing, brim
alabar to praise
alargarse to lengthen
alazán sorrel (horse)
albahaca sweet basil
alborotado touseled
alcalde mayor
alcanzar to reach, overtake, strike
alcoba bedroom
aldea village
alegrar to gladden; **—se (de)** to be glad (to, of)
alegre gay
alegría joy
alejarse to go away, recede
alelado stupefied
algo something
algodón cotton
alguien someone
algún, alguno some
aliento breath
alma soul; heart; **de (mi) —** (my) beloved
almacén store; supply
almohadita little pillow
almorzar (ue) to eat (lunch)
almuerzo lunch
alojado lodged
alondra lark

alpargata shoe (a rope-soled shoe worn by the laboring and farming classes in Spain and Spanish America)
alquilar to rent
alrededor de around; **alrededores** vicinity
alto high; tall; **lo —** the top, crest, surface
altura height
alucinación hallucination
alumbrar to light up
alzar to raise; **—se** to stand up, rise
allá (off) there; **más —** (de) over there, beyond; **por —** off there
allí there
ama de casa housekeeper
amable kind
amada beloved
amanecer to dawn; *n.* dawn
amante loving
amargura bitterness
amarillo yellow
ambos both
amenaza threat
amenazante threatening
americano Spanish-American
amigo,-a friend; *adj.* friendly; **— de** fond of
amistad friendship
amo master
amontonar to pile up
amor love; darling
amoroso loving
anciano,-a old, elderly (man, woman)
anclar to cast anchor
ancho wide
andanza wanderings
andar to walk, go, wander; be; **¡anda!** go on!
Ande, Andes the great mountain range of western South America
anegarse (ie) to sink
angosto narrow

angustia anguish
anillo ring
animarse to gain courage; move quickly
ánimo spirit; courage
anoche last night
anochecer nightfall
anonadado embarrassed, nonplussed
anotar to write down, note
ansiedad anxiety
ansioso (de) anxious (for)
ante before, in front of; in the face of
anteojos eyeglasses
anterior previous
antes (de) before; de — as before, that I was; — que before; rather than
anticipo advance payment
antiperonista anti-Peronist (see note 1 in *La bala cansada*)
anular to break off
añadir to add
año year; tener (dos) —s to be (two) years old
apagar to put out; muffle; —se to go out; stop
aparcero tenant
aparecer to appear
apariencia appearance
apartado withdrawn
apartar to remove, take away, set aside; reject
aparte apart, to one side
apasionado passionate
apenas (si) scarcely
apéndice appendix
apestar (a) to reek (of), smell (of)
aplausos applause
apoderarse de to seize
apoyar(se) to lean, put, place
apoyo support
aprender to learn
apretar (ie) to clutch; tighten, fasten

apretón squeeze
aprisionado pressed, caught
aprovechar to take advantage of; do good
apuntar to aim, point
apurado in a hurry
aquel,-la,-los,-las *adj.* that, those; aquél,-la,-los,-las *pr.* that one, those
aquí here
aragonés Aragonese (from Aragon, a Spanish province)
arbitrariedad arbitrariness
árbol tree
arcaico ancient
arder to burn
arengar to harangue
argolla wedding ring, band
armar to set; cock
armonía harmony
arrancar (a) to pull, tear out (of), draw (from)
arrastrar to drag; —se to creep
arreglar to fix
arrendatario renter
arriba above; — de up in; de — abajo up and down; para — upward
arribista social climbing
arrimar to press
arrodillado kneeling
arrojar to throw (away); cast (aside)
arrojo fearless deed
arroyo ravine
arrullar to lull
artificio purpose
asegurar to fasten; state
asentir (ie, i) to agree
asesinar to murder
asesinato murder
asesino murderer
así thus, so, like this (that), that's it; — es that's right; — (es) que and so; — sea amen
asiento seat, chair

asilo refuge
asimismo likewise, also
asir to grasp
asomar to appear
asombrado astonished, amazed
asombro amazement
aspecto appearance
áspero harsh
astro star
astrónomo astronomer
asunto (subject) matter, question, affair
asustar to frighten, scare; —se to be frightened (afraid)
atajar to interrupt
atar to tie
atemorizado frightened
atender (ie) to wait on, assist, help, take care of, attend
ateneo athenaeum, literary club
atisbón spying
atomizador atomizer
atontado stupefied
atraer to attract
atragantado choked
atrás backward; ago
atravesar (ie) to cross
atreverse to dare
atropellador trampler
atropellar to knock over
audaz bold
aullante howling
aullar to howl
aumentar to increase; swell
aun even, also, including, at least; **ni** — not even; **aún** still
aunque although
aurora dawn
ausencia absence
autoridad authorities
autorizado capable
avanzar to advance
avaro,-a miser
ave bird
Ave María good heavens

avenida avenue
avergonzado ashamed
averiguar to investigate, find out
avispa wasp
ay ah, alas; **ayayay** aaaah
ayer yesterday
ayuda help
ayudar to help
azahar orange blossoms
azúcar sugar
azul blue
azulado bluish

B

bailar to dance
baile dance
bajar to go (come) down, get off; lower, take (bring) down, put off
bajo low; *prep.* under, beneath; **en los —s de** underneath
bala bullet; — **cansada** spent bullet
balancearse to sway; wag
balazo bullet wound
banal commonplace
banco bench; bank
bañar (de) to bathe (with)
barato cheap
barba beard
barbaridad outrage
barbilla chin
barco, barca boat; **barquito** little boat
barriga potbelly
barrio neighborhood, suburb
barro clay
bastante enough, quite, a good deal of
bastar to be enough
basto coarse
bastón cane
bastonazo blow (with a club)
bata gown
batir to beat
baúl trunk

bautizar to baptize
bebé baby
beber to drink
bellaco scoundrel
belleza beauty
bello beautiful
bendecir to bless
bendito blessed
besar to kiss
beso kiss
bestia animal, beast; horse
betún dye
biblioteca library
bibliotecario librarian
bicoca song (a small amount of money)
bien well, (all) right; very; n. darling; más — rather; muy — wonderful
bigote mustache; whiskers
billete banknote
blanco white
blancura whiteness
blando soft
blandura softness
boca mouth; — abajo face down
bochorno: hacer — to be sultry
boina beret
bolsa bag
bolsillo pocket
bomba: — de tiempo time bomb
bonito pretty
borde edge
borracho drunk
borrar to erase
bosque woods
botella bottle
botica drugstore
botón button
boycoteo boycott
brazo arm
breve brief, short
bribón bum, rascal, tramp
brillante bright; n. jewel
brillar to shine
brillo gleam, brightness

broma: de — joking
bromista joker
brotar to burst
brrr bah
brujo wizard
brutalidad brutality, violence
bruto wild, crude; n. animal, dog
buen, bueno good, fine, well; all right; ¡qué —! how wonderful!
bulto bundle, sack
buque ship
burla joke
burlar to escape; to joke
burlón mocking
burrito little donkey
busca search
buscador seeker
buscar to look for, seek; get
buzón mailbox

C

caballada drove of horses
caballero gentleman; sir
caballo horse
cabellera bushy hair
cabello hair
cabelludo hairy
caber: — duda to remain, have room for doubt
cabestro halter
cabeza head; la — no le daba para he had no head for; de — head first; pasar por la — to occur
cabizbajo with hanging head
cabo end
cachorro cub
cada each
cadáver corpse
cadena chain
caer(se) to fall, drop in; set
caja box, jar, safe; — de hierro safe
calambre cramp
calamidad mess
calcular to guess

calidad quality
calmar to calm
calor heat; hacer, tener — to be hot
calva baldness
calvo bald
calzón pair of breeches
Callao, El principal seaport of Peru
callar(se) to be silent, shut up
calle street
cama bed
cambiar to change
cambio change, exchange; a — de in exchange for; en — in exchange, on the other hand
caminar to walk, go, move, travel
camino road; — arriba up the road
camisa shirt, chemise
campanario bell tower
campaña campaign
campesino peasant
campiña field
campo field; (open) country
Canaán Canaan, the promised land of the Israelites
canalla scoundrel, bandit
canapé sofa, davenport
canción song
candelabro light
caneca can, drum.
cansado weary; spent
cansancio weariness
cansarse to become tired
cantar to sing, crow, croak, chirp; n. singing
cántaro jug
canto song
caña bamboo stick
caótico chaotic
capa cape
capataz overseer
capaz capable
capitán captain
capricho caprice
cápsula chamber

cara face
carabela sailing ship
caramba gosh
carambolas golly, man!
carcajada burst of laughter
cárcel prison
carga burden; charge
cargado de loaded with
caricia caress
caridad charity
cariño affection; tener — a to be fond of; tomar — a to become fond of
cariñoso affectionate
carmelita dark brown
carne(s) meat; flesh
caro dear, expensive
carpintero carpenter
carrera race; run; a la — running
carretero wagon driver
carro van, cart
carta letter; card
cartabón sketch
cartera purse
cartuchera holster
casa house, home; household
casar(se con) to marry
cascarudo husk
casi almost
caso case, fact; hacer — de to heed; ir al — to get to the point
casona big house
castañetear to chatter
castigo punishment
categoría (social) class
catorce fourteen
causa: a — de because of
cautivar to charm
cautiverio captivity
cavilar to think, ponder, puzzle over
caza hunt
cazar to hunt for, catch
celda cell
celos jealousy

celoso jealous
cenicero ashtray
ceniciento ash
ceniza ash
centavo cent
cerca (de) near
cercano near(by)
cerdo pig
cereza cherry
cerrar (ie) to close (in)
cerro hill
cesante unemployed
cesar to cease; sin — steadily
Cid, el legendary Spanish warrior hero
cielo sky, Heaven
cien, ciento a hundred
ciencias sciences
cierto certain, true; of course; lo — what is certain, the right track; por — in fact
cifra number, cypher
cigarrillo cigarette
cigarro (Spanish-American) cigarette
cinco five
cincuenta fifty
cine movie theater
cintura: meter en — to hold in check
cinturón belt
Cipango ancient name of Japan
ciprés cypress
citado summoned
ciudad city
clamar to cry out
claridad brightness, light
claro clear; light; of course; es — sure; — que no of course not; — que sí of course
clavar to nail, root; sink
cloquear to cackle
cloqueo cackle
coatí coati (animal related to the raccoon)
cobertizo shelter

cobertor blanket
cobre copper
cocina kitchen; cooking
cocinera cook
coche carriage; car
codicia greed
coger to take, pluck, pick up
cojo lame
col cabbage
cola tail
colector tax collector; colectorcillo petty tax collector
cólera anger
colgar (ue) to hang (up)
colina hill
colmar to fill to the brim
colocar to place, arrange, put
Colón Columbus
colorado red
collar necklace
comadreja weasel
comandante major
comedor dining room
comentar to discuss
comenzar (ie) to begin
comer to eat; —se to eat up
cometer to commit
comida meal, dinner, food
comienzo beginning, start
como as, like; since; as if; cómo how
cómodo comfortable
compañero companion, pal
compasión pity
compra purchase; jugar a las —s to play store
comprar (a) to buy (from)
comprender to understand
comprometido (con) committed (to)
compromiso engagement
comunicar to connect
con with; to
concebir (i) to create
concentración mob
concentrarse to get together

conciencia conscience
concluir to end, conclude
condenado condemned, guilty
conducir to lead
conejo rabbit
confección making
confianza confidence
confiar to confide
confundir to confuse
confuso confused, rattled; merged
congelado frozen
congelar(se) to congeal
conmigo with me
conocer to know; meet
conque and so
consecuencia: a — de as the result of
conseguir (i) to achieve
consejo(s) advice
consentir (ie, i) (en) to consent (to)
conservar to keep
consigo with him (her, them, you)
constatar to verify
contar (ue) to count; tell; — con to
   count on
contener to contain, control
contento happy
contestar to answer
contra against; to
contrario opposite; de lo — if not
convenir en to agree
convidar to invite
coordenada coordinate
copa top, goblet; trasegar las —s to
   drink
copla ballad, verse, popular song
corazón heart; de todo — with all
   one's heart
corbata tie
cordón cord
coro chorus
coronar (de) to crown (with)
coronel colonel
corral yard
corredor corridor

correo mail
correr to run; grow; flow
corridas running
corriente running; n. current
cortar to cut, break in
corte court; cut, tailoring
cortés courteous
cortesía courtesy
cortina shutter; curtain
corto short
cosa thing, matter; en gran — much;
   otra — something else; poca —
   trifle
cosaco Cossack; horseman, mounted
   police
cosecha harvest
coser to sew
cosilla trifle
cosquilleo tickling
costar (ue) to cost; — mucho to cost
   a lot, be difficult
costarricense Costa Rican
costoso costly
costumbre custom; de — usual
cotidiano daily
cráneo cranium, skull
crecer to grow (up)
crecidito quite grown up
creciente growing
creer to believe; ¿qué se cree? who
   does he think he is?
crestonado created
cría brood
criadero poultry yard
criado,-a raised; n. servant
criatura baby, child
cristal crystal, glass
Cristóbal Christopher
cruce crossing point
cruz cross
cruzar to cross
cuadrilátero garden
cuadro picture; patch
cual as; el — which, who; lo —

which; **cuál** which

cualquier, cualquiera any, anyone

cuando, cuándo when

cuanto all that, as much as; — **antes** as soon as possible; **en** — as soon as; **en** — **a** with regard to; **cuánto** how much

cuarenta forty

cuarentón man of forty

cuarto quarter; bedroom.

cuatro four

cubierto (de) covered (with)

cubrir to cover

cuchara spoon

cuello neck

cuenta account; bill; **darse** — **(de)** to realize

cuento story

cuerno horn

cuero skin

cuerpo body; **tomar** — to take shape

cuervo crow

cueva cave

cuidado care, worry; **con** — cautiously; **(mucho)** — be (very) careful; **tener** — **(con)** to be careful, beware (of)

cuidadoso careful

cuidar to take care of; — **de** to bother to

culpa blame; **tener la** — to be to blame

cumbre peak

cumplir to fulfill; do one's job (duty)

cuna cradle

cupo *3rd pers. sing. pret. of* **caber**

curado seasoned

curar to take care of

cutis skin

cuyo whose

CH

chaleco vest

chao so long

charada charade (guessing game)

che hey; man, pal, brother, bud

chico,-a small; *n.* boy, girl; **chiquito,-a** little, tiny; *n.* kid; **chiquillo,-a** baby

chichón lump

chis hush! sh!

chispa spark; **echar** —**s** to fume

chisporroteo crackle

chit hush!

chocar to smash

chófer chauffeur

chorrer to stream

chorro trickle, stream

choza hut

chsss shhh!

chucho malaria

D

dama lady

daño harm

dar to give; — **a** to open on; — **contra** to hit; —**se por** to consider oneself; **lo mismo da** it doesn't matter; **dar por (concluido)** to consider (finished)

de of, from; in; with; by; than

deber to owe; must, ought; *n.* duty; **debió de (haber palidecido)** he must (have turned pale)

débil weak, faint

debilidad weakness

debilucho weak, flabby

decentito nice and proper

decir to say, tell; speak; **es** — that is to say; **por mejor** — or rather; **lo dicho** to sum up

decisión determination

dedicar to devote

dedo finger

deferencia respect

deferente respectful

dejar to leave; drop; let; — de to
stop, fail to; no — de to be sure to;
—se llevar to go along, let oneself
be carried
delante (de) before, in front of
delgado thin
delicioso delightful; happy
delirante delirious
demás other, rest (of the); por lo —
moreover
demasiado too (much)
demonio imp
demora delay
demostrar (ue) to show
dentro (de) inside (of), in; in touch
with
denunciar to report
derechamente straight
derecho right
derramar to pour (down)
derribar to upset, knock over
desacostumbrado unaccustomed
desafiante challenging
desagradable unpleasant
desaparecer to disappear
desayuno breakfast
desbande dispersal
descansar to rest, relax
descanso rest, relaxation
descarnado fleshless, skeletal
descenso descent
descolgar (ue) to answer a phone
(take the receiver off the hook)
desconcertado disturbed.
descubrimiento discovery
descubrir to discover
descuidarse to be careless
desde from, since; — (chico) since I
was (a little boy); ¿— cuándo?
how long; — luego of course, natu-
rally; — que since
desdén disdain, scorn
desdoblar to unfold
desear to desire, wish

deseo desire
deseoso de anxious to
desesperación despair
desesperante desperate
desesperarse to despair, be desperate
desfalcar to embezzle
desfilar to parade
desgano: con — unwillingly
desgarrón rip
desgracia accident
desgraciadamente unfortunately
deshacer to destroy; loosen
desheredar to disinherit
deshumanizado dehumanized
desleído faded, pale
desligado detached
deslizarse to slip away, slip by
desmayado unconscious (man)
desmayarse to swoon
desnudo bare
desocupado idle
desorden disorder, sloppiness
despacio slowly
despacho office; despachito little
room
despedir (i) to dismiss; —se de to
take leave of, say goodby to
despertador: reloj — alarm clock
despertar(se) (ie) to wake up, rouse
despintar to remove paint (lipstick)
desplazamiento movement
despreciar to scorn; despise
desprecio scorn, con — scornfully
después (de) after
desterrado exiled
destituido discharged
destruir to destroy
desvanecerse to disappear
detalle detail
detener(se) to stop
detrás de behind
deuda debt
devolver (ue) to return

día day; **al otro —** the next day; **buenos —s** good morning; **quince —s** two weeks

diablo(s) devil

diamante diamond

diario each day

diciembre December

dictadura dictatorship

dicha happiness, good fortune

diecisiete seventeen

diente tooth; **entre —s** muttering; **mudar los —s** to have one's second teeth

diez ten

difunto dead (person); late

digno worthy; serious

dilación delay; hesitation

dinero money

Dios God; **¡— mío!** Good Lord!; **¡por —!** for heavens' sake!

dirección address

dirigir to direct; address, turn; **—se** to turn, go

discípulo pupil

disco record

discutir to argue, pick a fight, shoot off one's mouth

disertación speech

disgustar to displease; disgust

disgusto displeasure

disimular to conceal, cover up

disparar to shoot, fire; **—se** to snap

disparo shot; **hacer un —** to fire a shot

disponer to plan; **—se** to get ready

dispuesto disposed

disputarse to quarrel over

distinto different

distraer to distract

distraído absent-minded, distracted; casual

diverso different

divertirse (ie, i) to amuse oneself

doblado bent double

doblar to fold; turn

doblez fold

doce twelve

docena dozen

dócil tame

doler (ue) to grieve

dolor ache, pain; grief

dolorido painful, aching

doloroso painful

dominar to overcome

domingo Sunday

don, doña titles of affection and respect; translate as Mr. or Mrs., or omit

donde, dónde where; **en —** in which; **para —** wherever; **donde (el señor Benavides)** at (Mr. Benavides' place)

dormido asleep

dormir (ue, u) to sleep, put to sleep; **—se** to go to sleep

dos two; **los —** both; **de a —** two by two

dosavo second

dote dowry

duda doubt; **no le cupo ya —** he no longer had any doubt; **salir de —s** to clear up one's doubts

dudar to doubt, waver

dueño owner

dulce sweet, soft, gentle; fresh; *n.* candy

dulzura gentleness; **con —** with loving care

durante during, for

duro hard, harsh; hard-boiled; *n.* dollar (five pesetas)

E

e and

eco echo; **hacer —** to echo

echar to throw; put (on); **—(se) a** to begin

edad age; — **mayor** maturity; **de** — elderly
edificio building
educado well-bred
efecto: en — indeed, in fact
ejemplo example
ejército army
el *pr.* he, the one; — **de Juan** John's
elegir (i) to elect, choose
elevarse to rise
embargo: sin — nevertheless
embolio blood clot
emborrachado de drunk with
embudo funnel
empeñado insistent
empezar (ie) to begin
empleado employee, clerk
empleo job
empujar to push
enamorarse to fall in love
enarbolar to raise up, lift high
encajar to cram, force (fit) in
encantador charming
encantar to delight
encanto delight
encaramado perched
encaramarse to climb up
encarar to meet, face
encargar to order
encender (ie) to light
encendido fiery red, lit up, flushed
encerrar (ie) to contain
encima on top; **por** — **de** above, over
encogerse to shrink; — **de** to shrug
encontrar (ue) to find; —**se** to be
encuentro: salir al — to go (come) to meet
enemigo enemy
enero January
enfadarse to grow angry
enfermar to make (become) ill
enfermedad illness
enfermo,-a ill; *n.* patient, sick person
enfurecido furious

enjaulado caged
enmudecer to become silent
ennegrecido swarthy
enojarse to get angry
enredado confused, mixed up
ensangrentado blood-covered
enseñar to teach
ensuciar to soil
ente being, entity
entender to understand; hear
entero entire, whole
entonces then
entrada entrance
entrambos both of them
entrar (en, a) to enter
entre among, between, amid; into, inside; — **tanto** meanwhile; **por** — between
entreabrirse to open slightly
entregar to deliver, hand (over); —**se** to surrender
entretanto meanwhile
entretener to entertain
entristecerse to become sad
entusiasmado enthusiastic
enviar to send
envidia envy
enviudar to become a widow (widower)
envolver (ue) to wrap
envuelto de surrounded by
época time
equivocarse to make a mistake, be mistaken
errabundo wandering
erudito learned
esbelto slender
escalofriante chilling
escalofrío shudder, chill
escándalo uproar, racket
escaparate store window
escaparse to escape
escena scene
escoger to choose

esconder to hide
escribir to write
escritorio desk
escrupuloso bashful
escuadrón: — a caballo mounted-police squadron
escuchar to listen (to)
escuela school
esculcar to search
ese,-a,-os,-as *adj.* that, those; ése,-a, -os,-as *pr.* that one, those eso *neut. pr.* that; eso de that business of
esencia perfume
esfera sphere
esfuerzo effort
esfumarse to become hazy
eslavo: de — Slavic
esmeralda emerald
espacio space
espada sword
espalda back
espantar to scare
espantoso frightful
España Spain
español Spanish, Spaniard
especial: en — especially
especie class, kind
espectáculo spectacle
espejo mirror
esperanza(s) hope, expectation
esperar to hope; expect; wait (for); — que to hope that; wait until
espeso thick
espiga stalk (spike) of grain
espina thorn
espíritu spirit
esposa wife
espuela spur
espuma foam
espurio spurious
esquemático schematic
esquilmar to fleece
esquina corner
estadísticas statistics

estallar to explode, burst out
estampar to stamp, reflect
estampida stampede
estancia farm
estante shelf
estantería bookshelf, stack
estar to be; be present; stay; está bien all right; ya está it's all ready
estatua statue
este,-a,-os,-as *adj.* this, these; éste,-a, -os,-as *pr.* this one, these, the latter; éste (ésta) era once there was; esto *neut. pr.* this; esto de this business of; en esto at this moment
estelar stellar
estimar to value
estilográfica fountain pen
estómago stomach
estrafalario outlandish
estrangular to choke
estrecho narrow, confined
estrella star
estudiante student
estudiar to study
estudio study
estupendo tremendous
estupidez stupidity
eunuco eunuch
evitar to avoid, spare
examen examination
excepción hecha with the exception
excrecencia excrescence
exhortar to appeal
explicar to explain; —se to understand
explotar to exploit, operate
exponer to expose
extinguirse to become extinct
extranjero,-a foreigner
extrañar to surprise, be surprised at; no es de — it's no wonder
extraño strange, foreign, peculiar; extraneous
extremo end

F

fábrica factory
fácil easy
facultad college
falda skirt, slope
falta lack; **hacer —** to be lacking
faltar to be lacking; **— a** to lack;
break; **— mucho** to take long; be
far away; **— poco (para las seis)**
to be close (to six o'clock)
fallar to be weak, fail
fallecer to die
fama rumor
familiar *adj.* family
fango mud
fantasma ghost
farmacia drugstore
farol lantern, lamp
fascinador fascinating
fastidiar to bother
favor favor; **haga el — de, por —**
please
faz face
fe faith
fecha date
felicidad happiness
felicitar to congratulate
feliz happy
feo ugly
feria fair
feroz fierce
festejar to applaud
ficha card
fiebre fever
fieltro felt (hat)
fiera wild animal
fiesta festival
figurar to appear; **—se** to imagine
figurilla little figure
fijar to fasten, hold; **—se en** to notice, decide on
fijo fixed, steady
filosofía philosophy

fin end; **a —es de** at the end of;
al —, por — at last, after all;
al — y al cabo after all
fingir to pretend
firma signature
firmar to sign
flaco skinny (man)
flojo limp, useless
flor flower; **florecilla** little flower
flotar to float
foco focus
fondo bottom, depth; far end; **a —**
thoroughly; **en el —** actually, es-
sentially; **hasta el —** to the very
bottom; **al —** in the depths
forastero,-a stranger
forrado encased, covered, lined
fortificar to fortify
fósforo match
foto photograph
fraile friar
francés French(man)
frase sentence
Fray Brother
freír (i) to fry
frenada braking
frente forehead, brow; **— a** opposite
fresco fresh; cool; *n.* cool
frijol kidney bean
frío cold; **tener —** to be cold
frotar to rub, beat
fuego fire
fuente fountain
fuera de outside
fuerte strong; heavy
fuerza(s) strength, force
fuga flight
fulgor sparkle
fumar to smoke
funcionar to function, work
fundamento foundation
fundar to base
furibundo violent

fusil gun
fusilar to shoot

G

galáxico galaxian (relative to star systems)
gallina hen
gallinero hen house
gallo rooster
gana desire; de buena — willingly; (me) da la — (I) feel like it; tener —s de to be anxious to
ganado n. cattle
ganar to earn, win, gain; reach
garganta throat
gastar to spend; waste; wear out
gasto expense, spending
gato,-a cat; — montés wildcat
gaucho cowboy
gemir (i) to moan
género sex; genre, type
genio temper
gente people; — grande grownups
gentil courtly, dainty; kindly
gerencial managerial
gerente manager
germen bud
gesto expression
gigante giant
girar to spin, circle
goce joy
golondrina swallow
golpe blow; shot; de — suddenly
golpear to strike, hit, hammer, beat upon, rap
gordo fat
gorro cap
gota drop
gotear to drip
gozar (de) to enjoy
gozne hinge
gozo pleasure

gracia grace; witticism; ¡qué —! why wouldn't he?; —s thanks; cuteness
gracioso funny
grado rank, degree
gran, grande big, large; great
granizo hail, hailstone
grasa grease(paint)
gratis free
grato pleasant
gratuito gratuitous, free, unnecessary, dispensable
grave serious; gravely ill
graznar to hoot
graznido hoot
gritador screaming
gritar to shout
griterío outcry, shouting
grito shout, cry
grueso thickset
gruñir to growl
grupa hindquarters
guardar to save, keep; put away; take; —se to put (away)
guardia policeman, guard; de — on duty
guayacán guayacan (a tree of tropical America whose very hard wood is used for whipstocks)
guerra war
guía guide
guiar to guide
guiño wink
gusano worm
gustar to please; (me) gustan (I) like them
gusto pleasure; taste; gustazo great joy

H

haber to have; to be; — que to be necessary to; ha de (venir) he is to, must, should (come); hay, había, etc. there is, are, was, were, etc.;

no hay que one must not; **¿qué hay?** what's the matter?; **¿qué hay por aquí?** what's going on around here?; **¿qué hubo de X?** what about X?

habitación room

habitar to live in

hablar to speak, talk (about)

hacer to do, make; **no — más que** merely; **hace (tiempo)** (some time) ago; **hacía (una hora) que** (an hour) before; **—se** to become; **se le hará (raro) a usted** it probably seems (strange) to you

hacia toward

hallar to find; **—se** to be; **—se con** to discover

hambre hunger; **con —** hungry; **muerto de —** starved to death; **tener —** to be hungry

hasta until; as far as, up to; even; **— que** until; **— cuando** until; **¡— cuándo!** how much longer?

hazaña exploit

hebilla buckle

hecho deed, event, fact

helado frozen

heredar a to inherit from

herencia inheritance

herida wound

herir (ie, i) to wound, strike

hermano,-a brother; sister; **— hombre** fellow man

hermoso beautiful

hermosura beauty

herrador blacksmith

herradura horseshoe

herrería blacksmith's shop

hervir (ie, i) to boil, seethe

hiel gall, bitterness

hierba grass

hierro iron

higo fig

hijo,-a son, daughter; my boy; **—s** children

hilar to spin

hilo thread

hinchar to swell

hipotético hypothetical

historia story; history

hocico snout, nose

hogar home

hoja leaf; sheet

hojear to leaf through

hola hello

hombre man

hombro shoulder; **alzarse de —s** to shrug one's shoulders

hondo deep(ly)

honrado honest

hora hour, time; **dar la —** to strike the hour

horario timetable; **a —** clock-watching

hosco gloomy, sullen

hoy today

huella trace, sign

huerta garden

huerto orchard

hueso bone; **de —** bony

huésped guest

huevo egg

huir to flee

húmedo damp, moist

humilde humble

humo smoke

hundir(se) to plunge, sink

I

idioma language

iglesia church; **iglesita** little church

ignorar not to know; ignore

igual equal; **— a** like

iluminarse to brighten

impacientarse to grow impatient

impedir (i) to prevent

implacable merciless
imponer to impose, request
importar to matter, be important
impostura adulteration
impureza impurity
incienso incense
inclinar to bow; —se to bend over
incógnita unknown
incorporarse to stand up
increíble unbelievable
incubar to hatch
inculpar to accuse
indeciso uncertain
indio Indian
inesperado unexpected
infante baby
infestarse to become infected
infierno hell
inflar to blow up
inglés English; tourist
ingrato ungrateful one
iniciado n. beginner
iniciar to begin
ininteligible strange
inmóvil motionless
inmovilidad stability
inquietarse to worry
inquieto uneasy, wary, restless, disturbed, undisciplined
inquietud restlessness, uneasiness
inquilino inmate; — de Sibaté insane
  person
ínsula isle
insurreccionar to revolt
intacto unbroken
intento attempt
interesar to interest; —se en to become (get) interested in
intergalaxia intergalaxian (between
  star systems)
interminable endless
interrogar to question, ask
intervenir to intervene, break in
intranquilo disturbed

intriga plot
intromisión intrusion
intruso,-a intruding; n. intruder
inundación flood
inundar to flood
inútil useless; n. flop
invierno winter
inyección injection
inyectar to inject
ir to go; vamos a (comer) let's (eat);
  vaya go on, come, gracious; vaya
  (una idea) what (an idea); ¡qué le
  vamos a hacer! what could we (he)
  do about it?; —se to go away, go
  off; clear out, beat it
irreal unreal
isla island
izquierdo left

J

jabón (cake of) soap
jadeante panting
jaguar jaguar, animal resembling a
  leopard
jamás ever; never
jangada raft
jardín garden, park
jarro tumbler
jaula cage
jefe boss; — de correos postmaster
jeringa syringe
jinete rider
jornada day
joven young (man or woman)
Juan John
Juanita Jenny
judío Jewish; Yiddish; n. Jew
juego game, sport; — gratuito mental gymnastics, game of abstrac-
  tions; mesa de — gambling table
jueves Thursday
jugar (ue) (a) to play (with), fool
juicio judgment

juntar(se) to get together, collect; **—se con** to join

junto next; **—s** together

jurar to swear

justamente exactly

juvenil youthful

juventud youth

juzgar to judge

K

kiosko summerhouse

L

labio lip

labrador de madera woodcutter

labrar to make; till

lado side, direction; **de (este) —** on (this) side; **por otro —** on the other hand; **por un —** on one hand (side)

ladrar to bark

ladrido barking, growl

ladrón thief; *adj.* dishonest

lago lake

lágrima tear

lámpara lamp

lana wool

langosta locust

lanzar to throw, launch, shoot, hurl, let out, utter; **—se** to dash

lápiz pencil; **a —** in pencil

largarse to clear out

largo long

lástima pity

latente hidden, latent

látigo whip

lavar to wash

lazo string

lección lesson

lector reader

lectura reading

leche milk

lechoso milky

lechuza owl

leer to read

legua league (three miles)

legumbre vegetable

lejanía distance, faraway

lejano distant

lejos far (away); **a lo —** in the distance

Lencho nickname for Lorenzo in Mexico. The English equivalent would be Larry.

lengua tongue, language

lentitud slowness

lento slow

leña firewood

letra letter

levantar to raise, lift; **— un prontuario** to make a report; **—se** to get up

leve soft

ley law

leyenda legend

liana vine

libertad liberty

libertar to free, liberate

libre free

ligero light, slight; **ligerito** right away

lima file

Lima capital of Peru

limeña Lima girl

limpiar to clean, clear

limpio clean; **por lo —** because of its cleanliness

lindo lovely

lío trouble

lirio lily

listo ready

lo *pr.* that; **— que** what; **— que hay de (humano)** what there is (human) about

lobo,-a wolf

localización location

loción hair tonic
loco crazy, mad; — **de, por** crazy about
locura madness; crazy thing
lógica logic
lograr to manage
lomito tiny hill
loro parrot
lucero morning star
luciente shining
lucir to show off
lucha struggle
luego then
lugar place; village
lúgubre mournful
lujo luxury
lujoso luxurious
lujuria lewdness, sex
luna moon
lunes Monday
luz light

LL

llama flame; llama (beast of burden)
llamada call
llamar to call, knock; attract; **me llamo X** my name is X
llano flat; n. plain
llanura plain
llave key; **cerrar con** — to lock
llegada arrival
llegar to arive; — **a** to reach, get to
llenar (de) to fill (with)
lleno full
llevar to take, carry, lead; wear; have; — **puesto** to have on; —**se** to carry off, raise; —**le la idea** to go (play) along with him
llorar to weep
llover (ue) to rain
lluvia(s) rain

M

macanudo swell, O.K.
machete cane-knife
madera wood
madero board
madre mother
maduro ripe
maestro master, teacher
mago magician
maíz corn
majestuoso majestic
mal badly; n. evil, harm
mal, malo bad, poor; ill
malaquita malachite (a green gem)
malicia cunning, cleverness
manchar to stain, spot
manchita small patch
mandado errand, dirty work
mandar to send, order
manejar to drive (a car)
manifestación demonstration
maniobra maneuver
mano hand; — **a** — hand in hand, on the most friendly and intimate terms; **dar la** — to shake hands
manojo handful
mantener to keep, maintain; —**se bien** to keep on good terms
manto shawl, cloak
manzana apple; block of houses
mañana morning; **de, por la** — in the morning; **por la mañanita** early in the morning; adv. tomorrow; **hasta** — so long
máquina machine; **escribir a** — to typewrite
maquinalmente mechanically
mar sea
maraña tangled mess
maravilla marvel; **a las mil** —**s** very well
maravillado wondering
maravilloso marvelous

marcha journey
marchar to go; —se to go away
marejada swell, tide
marido husband
marinero sailor; *adj.* sea-faring
martes Tuesday
mas but
más more, most; a lo — at most;
no — only, that's all; sin — ni —
just like that
masa mass
máscara mask; rostros con —s de
sangre faces covered with blood
mascarilla mask
matar to kill
mate a South American plant and
the tealike drink brewed from it
matemáticas mathematics
matón bully
mayor greater, greatest; older, oldest;
main
mayoría majority
mecer to rock
mediados: de, a — de in the middle
of
medias stockings
médico doctor
medida measure; a la — fitting;
a — que as
medio middle, mid; half; way; en —
de in the midst of; por — de along
mediodía noon
mejor better, best; a lo — very likely
mejorar to improve
melena mop of hair
melenita flowing hair
menear to shake, wave
menor least; younger, youngest
menos less, least; except; por lo —
at least
mensaje message
mensú, mensualero hired laborer
mentir (ie, i) to lie
mentira lie

mentón chin
mercado market
merecer to deserve
merecidamente deservedly
mero mere
mes month; de —es a few months
old
mesa table
meter to put, insert; ¿quién lo mete
a usted? what business is it of
yours?; —se to become; —se a to
start to; —se a guardia to join the
police force
metro meter, yard
mezclar(se) to mingle
mi my
miedo fear; dar — a to frighten;
muerto de — scared to death;
tener — a, de to be afraid of
miembro member
mientras (que) while, as long as;
— más . . . más the more . . . the
more; — tanto meanwhile
mil (a) thousand
milagro miracle
milagroso miraculous
militar soldier
millar thousand
mío my, (of) mine
mirada glance
mirar to look (at); ¡mirá! look!
misa mass
misal missal (book containing the
ritual of a religious service)
misantropía hatred or distrust of
mankind
miserable wretched; *n.* wretch, scoundrel
miseria pittance
Misiones frontier province in northern Argentina
mismo same; very; ahora (ahorita)
— right now; (mañana) — no
later than (tomorrow); yo — etc.

I myself, etc.; **el (saqueo)** — the (robbery) itself

mitad half, middle; **a la** — **de** halfway along

modo way, manner; **de (este)** — in (this) way; **de** — **que** so that; **de todos** —**s** anyway

mojado soaked

molestar to bother, annoy, upset

momento: al — right away

moneda coin

mono monkey

montaña mountain

montar to mount; swell

monte hill, woods; monte (Spanish card game)

montoncito small pile

moño: peinado de — with one's hair done up

morbidez softness

morder (ue) to bite

mordisco, mordiscón bite

moreno brunette, dark

morfología morphology, form, shape, structure

moribundo dying (man)

morir(se) (ue, u) to die

mortificado mortified

mosca fly

mostrador counter

mostrar (ue) to show

motivo reason

movedizo darting, scurrying

mozo,-a youth, girl

muchacho,-a boy, girl

mucho much, a lot (of)

mudar to change

muebles furniture

muerte death

muerto,-a dead (man, woman)

mujer woman; wife

mundo world; **todo el** — everyone

muro wall; mural painting

museo museum

muslo thigh

muy very (much); too

N

nacer to be born

nada nothing; nonsense; — **de no**; — **más, como si** — as if it were nothing at all

nadar to swim

nadie no one

naipe (playing) card

naranja orange

naranjal orange grove

naranjo orange tree

nariz nose

natural pure

naturaleza nature

navaja knife

neblinoso foggy

nebulosas nebulae

necesidad need

necesitar to need

negar (ie) to deny; —**se** to refuse

negro black

nene baby

nevado snowy

ni neither, nor; not even; — **. . .** — neither . . . nor

nido nest

niebla fog, mist

nieve snow

ningún, ninguno no, none

niño,-a child; Mr., Miss

no no, not

noche night; **de** — (at) night

nomás: aquí — right here

nombre name

noreste northeast

norte north, north star (guiding light)

nota note; grade; **sacar** —**s** to get grades

noticia news

novela story, novel
noveno ninth
novio,-a boy, girl; bridegroom, bride
nube cloud
nublinoso foggy
nuestro our
nueva news
nuevamente again
nueve nine
nuevo new; **de —** again; **nuevecito** brand-new
número number
nunca never
nupcial wedding

O

o or; **— . . . —** either . . . or
obedecer to obey
obra work
obraje labor
obscurecerse to be darkened
obscuridad darkness
obscuro dark
obsequio gift
obsesionado obsessed, gripped
ocaso west; setting sun
ocultar to hide
oculto hidden
ocuparse de to bother about; **se ocupaba en (doblar)** he was busy (folding)
ocho eight
odiar to hate
odio hatred
odioso hateful
oeste west
oficina office; **— de correos** post office
oficio position
ofrecer to offer
oído ear; **al —** in one's ear
oír to hear; **oye** listen
ojalá I do hope, I wish, etc.

ojeada glance
ojo eye; **buscar con los —s** to look around for
ola wave
oleaje wave swell
oler (hue) (a) to smell (of)
olor odor
olvidadizo forgetful
olvidar(se de) to forget; **se (te) olvida** (you) forget
olla cooking pot
once eleven
ondeante undulating, rippling
ondulación wave
operado,-a patient
opio opium
oponer(se) to put up, offer; oppose, object
oprimido tightened
oración prayer
orar to pray
orbe world
orden order; **a la —** at your service
ordenar to order, put in order
oreja ear
orgullo pride
orgulloso proud
orientarse to get one's bearings
orilla shore, edge, bank
oro gold
oscuro dark
otoño autumn
otro other
oveja sheep

P

Pablo Paul
pachacha runt
padre father; **—s** parents
pagar to pay (for)
país country
paisaje landscape
paja straw; hay

pájaro bird
pajecito little page-boy
pajizo straw-colored
palabra word
palenque stockade
pálido pale
palmo: — a — inch by inch
palo log; stick; dar —s to beat; palito twig
paloma dove
palpar to feel
palpitar to throb
pampa great plains
pan bread; cake, bar (of soap)
panfleto pamphlet
pantalón(es) pants, trousers
pañal diaper
paño cloth
papa potato
papel paper
paquete package, packet, roll
par pair
para for, to, in order to; — que so that; — con with respect to
paraíso paradise
Paraná a river that empties into the Río de la Plata
Paranaí a tributary of the Paraná
pararse to stop; in South America, to stand up
parco a bit of
parecer to seem; parece ser que it seems that; ¿te parece? O.K.?; —se a to look like, resemble
parecido similar
pared wall
pariente relative
parque park
parte part; a, en todas —s everywhere; en alguna — somewhere; por ninguna — nowhere; por su — in turn
particular peculiar
partida game

partido: tomar — to take sides
partir to leave; share; — a to set out for
pasado past, last
pasaje passage
pasar to spend, pass; happen; suffer; enter; go (come) in; ¿qué te pasa? what's the matter?; lo que pasaba the trouble was
pasear(se) to walk
paseo walk; irse de — to go for a walk
pasillo corridor
paso step, pace, passing; — a — step by step; dar — a to admit
pasta noodle
pata paw
patacón buck
patio courtyard
patria country, fatherland; hacer — to be patriotic
patrón boss
paz peace; y todos en — all well and good
pecador sinful
pecoso spotted
pecho chest, breast
pedazo piece
pedir (i) to ask; — (algo) a (alguien) to ask (someone) for (something)
Pedro Peter; Pedrito Pete
pegar to fasten; hit
peine comb
pelado bare
pelambre root, base
pelea fight
película film
peligro danger
peligroso dangerous
pelo hair
peluca wig
peludo hairy

pena sorrow, trouble; **de —** in trouble; **valer la —** to be worth while

penar to suffer

pendencia quarrel; **andar de —** to quarrel

penoso troubled

pensamiento thought

pensar (ie) to think, intend; **— en** to think of; **— con** to agree with; *n.* thought

peón laborer, hired hand

peor worse, worst

pequeño small, petty, slight

perder (ie) to lose; ruin; **—se** to disappear; **lo más perdido** the most desolate part

pérdida loss

perdón: con — pardon me

perdonar to pardon

peregrino pilgrim

perfectamente perfectly (well)

perforado punctured

Perico Pete

periódico newspaper

perjuicio damage

perla pearl

permitirse to take the liberty of

pero but

perro dog

persecución pursuit

perseguidor pursuer

perseguir (i) to pursue

personaje character

pertenecer to belong

peruano Peruvian

pesado heavy, weighty

pesar sorrow; **a — de** in spite of (the fact)

peseta unit of currency in Spain

peso weight; peso (unit of currency in many Spanish-American countries)

pez fish

picadura bite, sting

picar to prick, bite

pícaro rascal

pico beak, peak

picotazo peck

picotear to peck

pie foot; **a —** on foot; **de —** standing; **ponerse de —** to stand up

piedad pity, compassion

piedra stone, rock; **piedrecita** pebble

piel skin

pierna leg

pieza room

pintar to paint, dye

pintura make-up

pisar to step on

piso story, floor

placer to please; **me place** I am delighted

plata silver

plato plate, dish

playa beach

plaza square; **— de barrio** neighborhood square

plegar to fold

plomo bullet, lead; **de —** leaden, gray

pluma feather; pen

pobre poor; **pobrecito** poor dear, poor fellow

pobreza poverty

poco little; not very

poder (ue) to be able; can, could, may, might; **no pude menos de (ver)** I couldn't help (seeing); **no puedo más** I can't stand it any more; *n.* power

podrido decayed

policía *m.* policeman; *f.* police

policial *adj.* police

político politician

polvo dust

polvoriento dusty

pollo,-a chicken

poncho blanket

ponedero nest, nesting house

poner to put, place; set; give; lay (eggs); —se to become; set; put on; —se a to begin to; **llevar puesto** to have on

por for, by, through, because of; in, along, on; — (**allí**) around (there), (that) way; — **entre** through; — **esto, eso** therefore, that's why; — **que** so that; — **qué** why; — **si** to see if; — **todo ello** for all of which

porque because

porquería mess

portarse to behave

porteño from the port of Buenos Aires

portero janitor, watchman

portón gate

portorriqueño Puerto Rican

porvenir future

posarse to alight, descend

postrado prostrate

potro colt; **potrillo** little colt

pozo tank

practicante intern

precio price

preciosidad: es una — it's so cute

precioso wonderful

precipitado hasty

precipitarse to rush (headlong)

preciso necessary

pregunta question; **hacer una —** to ask a question

preguntar to ask

premio prize; — **gordo** first prize

prendedor brooch

prender to arrest

preocupación worry

preocupar(se) to worry

presencia form

presentar to present, show; —se to appear

preso prisoner

préstamo loan

prestar to lend; — **atención** to pay attention

prevenir to warn

primavera spring

primaveral *adj.* spring

primer, primero first

primo,-a cousin

primoroso exquisite

príncipe prince

principiar to start

principio beginning, principle; **por** — on principle

prisa haste; **darse —** to hurry

probar (**ue**) to taste

prodigio marvel

producirse to occur

profundo deep

prohibir to forbid

prometer to promise

pronto soon, quick; **de —** suddenly

prontuario report

propiedad property

propietario proprietor

propinar to give

proponer to propose

propósito plan

prorrumpir to burst, break forth

proteger to protect

próximo next, nearby, close

proyectil bullet

proyecto plan

prudencia caution

prueba proof

prurito (**de**) drive (toward)

pueblo town; **pueblecito** little town

puente deck

puerta door(way)

puerto port

pues then, well; — **bien** well; — **qué** indeed

puf bing

pujo impulse

punta point, tip, peak

puntico little point

punto point; **en —** exactly; **a — de** on the point of

puñal dagger

puñetazo punch, blow; **a —s** with their fists

pupila pupil (of the eye)

puyazo jab, pricking

Q

que which, that, who; than; for

qué what (a); how; **¿— tal?** how are you?; **¿y —?** so what?

quebrada ravine

quebrado broken

quedar to be (left), remain; **para mejor —** to emphasize his point; **—se** to stay; **—se dormido** to fall asleep

queja complaint

quejarse to complain

quejido whining noise, creaking

quemar(se) to burn

querer (ie) to wish, want; like, love; **¿qué quieres?** what can you expect?; *n.* love

querido beloved

quien (the one) who, whom; **quién** who, whom

quietud quiet, rest

quince fifteen

quinta country house

quinto fifth

quitar (a) to remove, take away (from)

quizás perhaps

R

rabia rage

rabino rabbi

rabioso raging

raíz root

rama branch

Ramón Raymond; **Ramoncito Ray**

rancho cabin

rapidez swiftness

raro strange

rascar to scratch

rastrillar to cock

rastro trace

rata rat

rato while; **de — en —** from time to time; **pasar el —** to kill time

ratón mouse; **ratoncito** little mouse

razón reason

razonable reasonable

real royal; *n.* nickel

realidad reality

realista realistic

rebaño flock, herd

rebotar to ricochet, rebound

recibir to receive; take

recién new; newly

recinto place, room, chamber

recobrar(se) to recover

recoger to pick up, gather

recomendación warning

reconocer to recognize

recordar (ue) to remember, remind of

recorrer to move around, along

recostado leaning

recuerdo remembrance, memory, recollection

rechazado rejected

red net

redondo round; **a la —a** around

reemplazar to replace

referir (ie, i) to tell

reflejar to reflect

reflejo reflection

refugiarse to take refuge

regalar to give

regalo: de — as a gift

registrar to examine, search

reglamento: a — just what was required, no more

regresar to return, come back

regreso: de — a back in

regulado governed, regulated

regular fair, so-so

reina queen

reinar to reign

reino kingdom

reír (i) to laugh; —se (de) to laugh (at)

relato narrative

relámpago lightning

relieve dimension

relinchar to whinny

reloj clock, watch; — despertador alarm clock; — de pulsera wrist-watch

relucir to shine

rematar to reply

renacer to be revived

rencor bitterness

renunciar to decline

reñir (i) con to quarrel with, fight against

repartir to distribute

repecho steep hill

repente: de — suddenly

repetir (i) to repeat

replicar to reply, answer

reposado calm

resbalada slipping

reservado private

resonar (ue) to echo

resorte spring

respiración breathing

respirar to breathe, inhale

resplandor brilliance

respuesta answer

resto remainder

restregarse to rub

resultar to seem, turn out (to be)

retirarse to leave, go away

retornar to return

reunión meeting

reunir to gather; —se con to join

revancha revenge

revisar to check, inspect

revista magazine

revolcarse (ue) to wallow

rey king

rezar to pray

rezo prayer

rezongar to grumble

rico rich; delicious; fancy

rigidez rigidity

rincón corner

río river; — abajo downstream; — arriba upstream

riqueza wealth

riquísimo very delicious

risa laughter; me das — you make me laugh; soltar la — to burst out laughing

roano sorrel

robar (a) to steal (from)

rocío dew

rodar (ue) to roll

rodear (de) to surround (by)

rodilla knee

rogar (ue) to pray, beg

rojo red

rol list

romancero ballad collection

romero rosemary

rompecabezas puzzle

romper to break (up)

ronco harsh, hoarse

ronquido snore, snort

ropa(s) clothing

rosario rosary (string of prayer beads)

rostro face

rubio blond

rudo rough

rueda tail-spreading

rugido roar

rugiente roaring

rugir to roar

ruido noise

ruidosamente noisily

rumor murmur
ruta route, path

S

S.A. abreviation for **Sociedad Anón-
ima** corporation
sábado Saturday
saber to know (how to); be able;
learn
sabiduría wisdom
sabio learned, wise; *n.* scholar, scientist, intellectual
sablazo sabre blow
sacar to take out
saco coat
sacudida(s) shaking
sacudir to shake
sagrado sacred
sal salt
sala (reading) room
salida comments, remark, crack
salir to leave, go (come) out; — **a**
to appear; — **con bien** to recover;
— **corriendo** to run off
salón (drawing) room; — **de visitas**
visiting room
saltar to jump
salto jump, spring
salud health
saludar to greet
saludo greeting
salvador saving; *n.* savior
salvaje wild
salvar to save
salvo except for
san, santo holy, Saint
sangre blood
sanito nice and healthy
sano sound, healthy
santidad sanctity
saqueo robbery
satisfecho satisfied
seco dry, dried up

sed: tener — to be thirsty
seda silk
seductor charming
seguida: en — at once
seguido in a row
seguir (i) to follow, continue, keep
on
según according to; as
segundo second
seguridad certainty, safety; **con —**
surely
seguro sure; **de — que** of course
seis six
selva forest
sello stamp, seal
semana week
semblante expression
sembrar (ie) to sow
sencillo simple
senda path
sendero path
seno breast
sentarse (ie) to sit down (up)
sentido sense
sentir (ie, i) to feel; hear; regret, be
sorry; **—se** to feel
seña sign
señal sign; **dar —es** to show signs
señalar to point to
señor gentleman; Mr.; sir; Lord
señora lady; Mrs.; madam
ser to be; **es que** the fact is that; **que
sea de** that it is possible; **sea** let
(it) be; *n.* being, creature
serio serious; **en —** really
servir (i) to serve; — **para** to be
worthy of; **será usted servido** at
your service
sesenta sixty
setenta seventy; **—y-dosava** seventy-
second
setecientos seven hundred
si if; why; ¿— **era cierto?** could it be
true?

sí *adv.* yes; really, indeed, to be sure

siempre always, still; **lo de —** the same old story; **para —** forever

sierra mountain range

siete seven

siglo century

significar to mean

signos admirativos exclamation points

siguiente following

sílaba syllable

silbido whistle

silla chair; saddle

sillón (arm)chair

simpático likable

simulacro imitation

sin without

siniestro sinister

sino (que) but; **no . . . —** only

sinusoide sinusoid (a serpentine curve)

Sion Zion (the heavenly Jerusalem)

siquiera even; at least; **ni —** not even

sitio place

sobrar to be left over, be excessive; **(le) sobraban (libros)** (he) had too many (books)

sobre on, over, above; **por —** over; **— todo** above all; *n.* envelope

sobrehumano superhuman

sobresaltado astonished, startled

sobrino,-a nephew, niece

socio member, borrower

sol sun

solamente only

soldado soldier

soledad solitude

soler (ue) to be accustomed to; **suele (ir)** he usually (goes)

solo only, alone; single, by oneself; **a solas** alone; **para él solito** for himself only

sólo only

soltar (ue) to let loose; throw

sombra shadow

sombrero hat

sombrío gloomy

son sound, tone

sonámbulo sleep-walker; *adj.* drowsy

sonar (ue) to sound, ring, tinkle; **haciendo —** swishing, slapping

sonoro echoing

sonreír(se) (i) to smile

sonrisa smile

sonso simpleton

soñar (ue) (en) to dream (of)

soplar to blow

sordo deaf, hidden

sorna: con — mockingly

sorprender to surprise

sorpresa surprise

sospecha(s) suspicion

sospechar to suspect

sospechoso suspect

sostén supporter, informer

sostener to hold (up)

su his, her, its, your, their

suave soft, smooth, gentle

subgénero related type

subir to climb, ascend; **— a** to get into; **subido en** up in

súbito sudden; **de —** suddenly

suceder to happen

suceso event

sucio dirty, soiled

sudor sweat

sueldo salary

suelo ground

suelto loose

sueño dream; sleep; **tener —** to be sleepy

suerte chance, luck; **que tenga buena — good** luck to you; **con —** lucky

sufrimiento suffering

sufrir to endure

suicidarse to commit suicide

sujetar to hold; **—se** to submit

sujeto (de) caught; clenched (in)
sumarse (a) to add oneself to, join
sumergirse to sink
suplicante begging
suplicar to beg
suponer to believe, suppose, expect
suprimir to eliminate, suppress
supuesto: por — (que) of course
sur south, southern
surcar to cross
suspirar to sigh
suspiro sigh; violet
susto fright, scare
sutil faint
suyo his, hers, yours, theirs; of his (own), etc.

T

tablero: — de ajedrez chessboard
tacita little cup
taciturno silent, short of speech
tal such (a); just; ¿qué —? how (are you)?
talanquera fence
también also
tampoco neither
tan as; — sólo merely, only; — —- — tic, tic, tic
tanto as (so) much, so great; por lo — therefore; — es así so much so
tardar to delay, be long
tarde afternoon, evening; adv. late
tarjeta card, slip
tartamudear to stammer
taza cup; tacita little cup
té tea
teatro theater
techo roof; ceiling
tejedor weaver
tejer to weave
tejido (de alambre) wire fence
teléfono telephone
tela cloth

tema theme
temblar (ie) (de) to tremble, shiver (with)
tembloroso trembling
temer to fear
temeroso timid, fearful; — de Dios God-fearing
temor fear
temprano early
tender (ie) to stretch out
tener to have, hold; — que to have to; ¿qué tiene X? what's the matter with X?; — que habérselas to have to deal with
teniente lieutenant
teñir (i) to dye
teórico theoretical
tercer, tercero third
terminante precise
terminar (de) to end, finish
terno suit; — de paño suit
ternura tenderness
tertulia discussion group
tesoro treasure
testamento testament, will
testigo witness
tía aunt
tibio (luke)warm
tic twitch
tiempo time, weather; a — on time; a — para in time to; por el — through age
tienda shop; tent
tierno tender
tierra earth, land, ground, dirt
tilo linden tree
timidez timidity
timón rudder
tinta ink
tinte stain
tintero inkstand
tío uncle
tipo(s) type

tirar to throw (down), discard; shoot; — **(de)** to pull (by)

tiro shot, round; **echar un** — to shoot

tiroteo shooting

tisú cloth of gold

título title

tizón firebrand

tocar to touch, make contact; affect; — **en** to reach

todavía still

todo all, whole; —**s los (días)** every (day)

Toledo Toledo (Spanish city and medieval center of Jewish culture)

tomar to take; eat, drink

tonada song

tontería stupidity

tonto stupid; silly; *n.* fool

torcido twisted

tornar to return

tornasolado irridescent, shimmering

torno turn; **en** — **de** around; **en** — **(suyo)** around (him)

toro bull

torpe clumsy, heavy

torre tower

torta tart, cake

torvo grim

tostarse (ue) to burn

trabajar to work

trabajo work; effort; duty

trac crack

traer to bring (here)

traje suit; — **de cola** dress with a train

trama plot

tramar to plan, plot, cook up

trampa trap; **hacer** — to cheat

trancar to bar, lock

tranquera fence

transeúnte passerby

tranvía streetcar

tras after, behind

trasegar las copas to drink

trastos furniture

tratar de to try to; —**se de** to be a question of, deal with, be about

trato: en —**s con** mixed up with, hand in glove with

través bias; **a** — **de** through; **de** — crossways

travieso naughty

trazar to trace

trazo line

treinta thirty

trémulo trembling

trepar(se) to climb (up)

trigo wheat

triplicado: en — triple

triste sad, dreary

tristeza sadness

tristón wistful, mournful

tronco trunk

tropezar (ie) con to stumble on, come upon

trozo piece

tu your

tucán toucan (tropical bird)

tuyo your, (of) yours

U

u or

último last

umbral threshold

único only, alone; unique

unirse a to join

uno one; **de** — **en** — one by one; —**s a few**

usar de to make use of

uy hey

V

vaca-loca in popular Colombian fiestas, a masked person who chases others. Small firecrackers attached to the top of his mask go off at intervals during the pursuit.

vacilar to hesitate, waver

vacío empty

vagamente vaguely

vaivén swaying

valentía bravery

valer to be worth, be valuable; — **la pena** to be worth(while)

valor value

valle valley

vanidoso vain

vano vain

vapor steamboat

varios several, various

varón male

vaso glass

vecindad neighborhood

vecino neighbor, inhabitant

veinte twenty; **veinticuatro** 24; **veintidós** 22

vela sail; **de** — sailing

velillo little veil

veloz swift

vena vein

vendepatrias traitor

vender to sell

veneración devotion

venezolano Venezuelan

vengar(se) to avenge, take vengeance, avenge oneself

venir to come; **no** — **mal** to suit

ventaja advantage

ventana window; **ventanilla** small window

ventanal large window

ver to see; **a** — let's see; **no tener nada que** — **con** to have nothing to do with; —**se** to look

verano summer

veras: de — really, in earnest

verdad truth; **de** — true; **en** — (**que**) really; **¿no es** —? isn't it?,

etc. **¿— que (lo harás)?** (you'll do it), won't you?

verdadero real, true

verde green

verdeante becoming green

verduras greens, vegetables

vereda sidewalk; settlement (a group of houses not large enough to be called a town)

vergüenza shame

vértigo dizzy spell

vestido dress; suit

vestir(se) (i) to dress; **vestidos de civil** in civilian clothes

vez time; **a la** — at the same time; **a su** — in turn; **cada** — **más** more and more; **en** — **de** instead of; **otra** — again; **raras veces** rarely; **tal** — perhaps; **una** — once

viajar to travel

viaje trip

viajero traveler

víbora snake; — **de cascabel** rattlesnake

vicuña South American mountain animal

vida life; **en** — alive

vidriera show window

vidrio (window) pane; glass

viejo,-a old (man, woman); **por** — because of age; **viejecito,-a** little old man, woman

vientecillo breeze

viento wind

vil lowly

vino wine

Virgen del Carmen good heavens

vista view; **de** — by sight

viuda widow

vivaz brilliant

viveza: con — quickly

vivir to live

vivo live; lively; hurry; **vivísimo** very lively

volante handbill, leaflet

volar (ue) to fly; —se to fly away

voltear to turn; fell

voluntad will

volver (ue) to return, bring back; turn, drive; — **a (comer)** to (eat) again; —se to become, turn (around)

voz voice

vuelo flight

vuelta turn; **dar la** — **a** to travel (go) around; **dar una** — **por** to take a walk around; **estar de** — to be back

vulgar common

W

wínchester a heavy hunting rifle

Y

y and

ya already, now (often to be left untranslated); — **no** no longer; — **que** since

yegua mare

yerba grass

Z

zaguán vestibule

zapato shoe